오늘도
하루가 :
설렌다

오늘도 하루가 설렌다

초판 1쇄 인쇄일 2019년 6월 03일
초판 1쇄 발행일 2019년 6월 10일

지은이 이상택
펴낸이 양옥매
디자인 송다희, 임흥순
교 정 조준경

펴낸곳 도서출판 책과나무
출판등록 제2012-000376
주소 서울특별시 마포구 방울내로 79 이노빌딩 302호
대표전화 02.372.1537 **팩스** 02.372.1538
이메일 booknamu2007@naver.com
홈페이지 www.booknamu.com
ISBN 979-11-5776-739-7(03190)

이 도서의 국립중앙도서관 출판시도서목록(CIP)은 서지정보유통지원 시스템
홈페이지(http://seoji.nl.go.kr)와 국가자료공동목록시스템
(http://www.nl.go.kr/kolisnet)에서 이용하실 수 있습니다.
(CIP제어번호 : CIP2019021632)

오늘도
하루가 :
설렌다

이상택 지음

'매일이 설렌다는 건 어떤 의미일까?'
'어떻게 살면 매일의 일상이 설렐 수 있을까?'

● 하정희 한양대학교 교수

　책을 건네받은 순간 머릿속에 물음표가 가득해졌습니다. '오늘도 하루가 설렌다'. 우리 모두가 꿈꾸는 한 문장임에도 불구하고 이미 '그런 건 없어.'라는 냉소적인 결론이 제 마음 한편에 자리 잡고 있었던 모양입니다. 그만큼 요즘 내 일상이 지치고 좀 힘든가 보다고 스스로를 발견했던 짧은 순간이기도 했습니다.

　저자는 우리가 행복해질 수 있는 방법에 대해 다양한 각도로 조명합니다. 욕망을 끊어 내거나 참으며 부정적 감정을 없애는 것이 아니라, 내 안에 일어나는 모든 것을 바라보고 인정하는 그 시작점을 강조합니다. 그런 자신의 내면과 조우하는 과정에서 저자는 스스로에게 위로받았고, 그 과정을 독자로서 지켜보는 저 역시 감동받았습니다.

더불어 하루가 온전히 자기 것이 되기 위해서는 자신의 정서와 생각을 있는 그대로 이해하도록 자신의 마음속 이야기에 귀를 기울여야 한다고 말합니다. 즉, 행복을 위해서 우리는 늘 깨어있어야 한다는 것이지요.

저자가 대기업 임원 시절 대학원에서 심리학 공부를 시작할 때부터 저와 저자와의 인연이 시작되었습니다. 저자는 늘 뭐든 완벽하게 수행하는 학생이었기에, 일대일 면담이 있을 때면 제가 저자에게 종종 했던 말이 있습니다. "완벽하지 않게, 한번 대충대충 해 보시는 게 원우님께는 큰 공부가 되실 거예요."

저자는 자신을 이해하고 수용하려 부단히 노력하는 분입니다. 그 과정에서 스스로를 안아 주며 행복을 발견해 나간 이야기를 한 챕터씩 그려 나간 이 책은 저뿐만 아니라 많은 분들에게 울림이 되어 줄 것입니다. 하루하루 설레는 일상 속에서 행복을 찾길 바랍니다.

추천사

나에게 하늘가 선물

:

하루가
설레야 하는
이유

:

머릿속은 광활한 캔버스가 되고 있다. 붉은 갈색빛 도화지 위
에 거대한 구조물이 설치되고 설비들이 자리를 찾아 들어간다.
마치 일개미들이 자기 집을 찾아가듯이 가지런하며 규칙적이다.
나는 홀로 그 대지 위에 서서 내 머릿속 캔버스에 자로 잰 듯 조밀
하게 그려진 파란색 도면을 일치시켜 오차를 찾는다. 단 하나라
도 어긋나면 유기체 전체가 가동을 멈추거나 고장을 일으키기 때
문이다. 이마에 몽글어 오르는 땀을 느낄 새도 없이 깨알 같은 도
면을 보고 또 본다. 그러다 보면 하루가 훌쩍 지나 있다.

해가 지기 시작하면 무엇을 비추는 것인지, 수십만 개의 불이

밝혀지며 맑디맑은 하늘색을 시기한다. 그때쯤은 조금이나마 감성에 젖어 보고도 싶어진다. 프로젝트의 성공이 나의 사명이자 도리라 여기었지만 때로는 그 대지의 울림에 설레었고 동시에 절망하였던 시간들을 회상한다.

나는 엔지니어로 살아왔다. 공학에 근거한 지식과 합리적인 경험을 겸비하였으며 냉철하고 냉정한 심장을 가졌다. 개선장군과 같이 전 세계 어느 곳에서도 맡은 프로젝트를 해내고야 말았으며 회사 내부적으로도 인정받는, 앞길이 창창한 직원이었다. 허나 마음 한곳에는 언제나 묵직한 돌덩이가 자리 잡고 있었다.

그렇게 살아와서 행복하냐는 질문에 한걸음에 도망치고 싶을 만큼이나 부끄러웠다. 타인의 인정과 칭찬이 아닌 스스로의 행복이 무엇인지 깨닫고 싶었다. 늘 꼬리표처럼 붙어 다니던 성공의 목표는 어느덧 강박이 되어 내 어깨를 짓누르고 있었다. 사회적으로는 풍요롭고 호화로웠으나 정작 나는 결핍되어 있었으리라. 껍데기를 모조리 깨고 나와야 진실된 나 자신과 대면할 수 있을 것 같았다. 잰걸음이지만 지금껏 쌓아 온 나의 성을 버리고 행복을 찾아 나서기로 했다.

안정되고 건실한 직장의 임원직을 그만두고 사고하는 여행을 하였고 심리학 공부를 시작했다. 행복은 어떻게 찾을 것인가? 나의 물음은 여기서 출발했다. 도착점인가? 인생의 전 과정인가? 행복은 오늘의 여행이다. 표지만 화려한 한 권의 책으로 의미를 가지는 것이 아니다. 인생 여행은 자신의 책에 수많은 페이지를 한 장씩 채워 가는 것이다. 타인의 시선을 버렸을 때 진실된 나의 책이 된다.

아픈 마음을 헤집으며 나를 찾으려고 몸부림 쳤던 곳 바라나시, 비움의 삶을 알게 해 준 스페인의 산티아고 순례길, 자연의 위대함에 한없이 몸이 낮아지는 칠레의 토레스델파이네(Torres del Paine), 순수함의 가치를 느꼈던 네팔 포카라의 안나푸르나, 노르웨이의 핀세(Finse)를 트레킹하였고 남극까지 도전하였다. 트레킹의 목적은 정상 정복이 아니다. 자연과 호흡하며 단순히 걸으면서 사고하는 치유의 시간이었다.

브라질과 잠비아의 원주민촌을 방문하여 겸손을 배웠다. 작은 나눔에도 감사해하던 그들을 안으면서 가슴 벅차올랐던 감정을 기억한다. 걷기와 이타성의 실천은 나를 성찰하고 부유하는 생각을 결정하는 좋은 방법이었다. 스스로 선택하는 도전과 시련, 그리고 통찰력의 경험 학습이었다. 성취와 실패를 반복적으로 체험하면서 성장과 지혜를 깨닫는 인생 여정과 같았다.

　많은 사람들이 그러하듯이 나 또한 부와 명예를 일구기 위해 앞만 보고 달려오면서 부정의 감정으로 힘들었다. 불편한 감정들은 무의식속에 침투하여 나를 조종하였고 나는 그들의 노예였다. 살아가는 일상이 행복이었던 것을 알지 못하면서도 삶의 목표는 항상 행복이었다. 이제부터라도 내 삶의 주인이고 싶다. 나는 어느새 행복이란 대전제를 어떻게 녹여 낼 것인지 사고하는 길을 걷고 있다.

　지금 행복을 찾아 헤매고 있다면, 찌든 일상이 고통스럽다면, 행복에 가까이 가고 있는 것이다. 행복을 조금 더 빨리 깨달을 자격이 생긴 것이다. 해가 늘 곁에 있기에 해의 존재를 굳이 인식하지 못하고 살아가듯이, 행복 또한 우리 곁에 항상 머물고 있지만 우리가 인지하지 못할 뿐이다.

　하루를 살아 내는 그 자체가 행복이라는 사실을, 이 책을 읽으며 여러분도 함께 느끼시면 좋겠습니다. 자신을 정면으로 바라보고 조건의 욕망을 내려놓을 때 가슴 설레는 순간이 다가올 것입

오늘도 하루가 설렌다

니다. 지혜를 찾아가는 삶의 여행에 여러분과 함께하려는 마음입니다. 쉬어 갑시다. 그리고 주변을 돌아봅시다. 행복이란 실상 거창한 것이 아닐 수도 있습니다. 내면을 비추는 거울의 모습대로 살 수 있도록 마음 설레는 삶의 의미를 찾아봅시다. 행복의 비밀을 말입니다.

이 책은 거품 낀 위대한 지식을 전달하려는 것이 아닙니다. 업적과 경험 그리고 삶을 뽐내기 위함도 아닙니다. 그저 지금까지 살아온 제 삶에 대한 소탈한 평가서이자 반면교사적 조언서이며 행복의 의미를 찾는 직장인을 위한 작은 이정표이고 싶습니다. 또, 원하지 않는 일상에 지쳐 뒹굴면서도 이것이 행복이라 굳게 믿는 다수에 대한 당당한 반기(反旗)라고 하겠습니다. 제가 깨달은 행복의 길이 누군가의 불행을 종결할 수 있는 단초라도 되었으면 하는 바람입니다. 나를 비롯한 동시대를 살아가는 그 누구도 불행하지 않고 행복의 의미를 깨달아 간다면 저는 더할 나위 없이 기쁠 것입니다. 오늘도 하루가 설레는 이유이기도 합니다.

2019년 6월
이상택

첫 번째

장.

마음이
아프나 보다

바라나시의 풍경

목표지향적인 삶이 행복인가? 조건을 성취하기에 바쁜 시간으로 살아왔을 뿐이다. 행복하게 살기를 바랐지만 지혜가 없었고 행복의 의미를 귀 기울여 생각한 적도 없다. 이제야 행복의 의미를 찾는 여정을 시작한다.

인간의 미래를 순수하게 바라볼 수 있는 곳, 세상에 겸손해지는 곳, 정신적인 성찰을 얻을 수 있는 곳, 나는 인도의 바라나시(Varanasi)에 왔다. 순례하듯 경건한 마음으로 골목길을 지나니 사람들의 소리가 소란스럽게 들린다. 둔탁한 소리가 들리는 쪽을 보았다. 도비가트에서 빨래하는 사람들의 힘겨운 모습이 먼저 보인다. 평생 빨래만 하며 사는 사람들이다. 한 끼 음식을 얻기 위한 투쟁이 눈물겹게 느껴진다.

이들과 대비적으로 두 손을 합장하고 기도하는 순례자들에게서 또 다른 느낌이 전해 온다. 수많은 사람들의 경건한 의식은 무엇을 위한 기도일까? 수백, 수천 킬로를 고행하며 이곳으로 찾아오고 있다. 삭발한 모습으로 강물에 발 담그고 두 손을 합장한 모습에서 순례 이상의 신비함이 느껴졌다.

한국 여행자들도 만났다. 바라나시가 너무 좋아서 일주일째 머무르고 있다고 한다. 생각 없이 광경을 보노라면 그곳에서 내가 살아가야 할 길이 보인다고 했다. 가난한 자들의 구걸 소리, 동물들의 울음소리, 장사꾼들의 삶의 외침 소리와 성직자들의 설교 소리 등 어지러운 광경들이다. 정적이면서 동적인 모습에 동조하는 사람도 있고 거부감을 느끼는 사람도 있다. 사람에 따라 평가가 다르게 느껴지는 곳이다. 다시 오고 싶지 않다는 사람들, 한 번 더 오고 싶어 하는 사람들, 그렇게 오랫동안 머물러 있어도 떠날 때 가기 싫어 눈물을 보이는 사람들, 다양한 의미를 느끼게 하는 곳, 바라나시 갠지스강의 모습이다.

며칠이 지났지만 무엇이든 포용해 주는 그 넓고 큰 갠지스강의 물길, 그곳에서 영원한 안식을 찾으려는 인도 사람들의 간절한 기도, 죽은 자에 대한 경건한 의식들이 조용하면서도 강렬하

첫 번째 이야기 : 삶과 행복

다. 혼란스러움 속에서도 질서와 경건함이 느껴진다. 기독교 성지가 예루살렘이고 이슬람교의 성지가 메카이듯이 이곳은 힌두교의 성지이기에 충분한 곳이다. 바라나시는 죽은 자들의 윤회를 위한 또 다른 모습인 화장의 순간들도 만나는 곳이다. 그 신비의 강을 품고 있는 바라나시의 화장터에 내가 앉아 있다. 생각 없이 순수한 바라나시의 풍경을 음미하면서….

갠지스강의 화장터에서

　모두가 숨죽인 채 나무와 주검이 불타는 둔탁한 소리만이 들린다. 갠지스강의 화장터, 인도인들이 마지막을 보내고 싶어 하는 영원한 안식처다. 둘러앉은 사람들의 초점 잃은 눈동자는 불길 속을 응시하고 있다. 아무런 가식 없이 인간의 순수함 그 자체를 보고 있는 듯하다. 죽어서 내가 영원히 안식할 곳으로 받아들이는 분위기다. 이것이 누군가의 마지막이지만 슬프거나 참혹하게 느껴지지 않는다. 너무나 처절한 표정으로 기도하는 모습, 가족에게 운반되어 오는 주검들, 한 줌의 재로 산화하는 화장터의 불길들, 강물로 뿌려지는 산화물, 화장하는 모습을 며칠씩 바라보며 앉아 있는 여행자들, 그 속에서 나는 행복의 의미를 찾고 있다. 한동안 불길만 바라보았다. 말로 표현할 수 없는 마음속 이야기들을 정리하기 위한 침묵의 시간이다. 내가 깨우쳐야 하는

성찰은 무엇일까?

 죽음으로 또 다른 윤회의 세상으로 가고 있는 이들도 행복을 고민했을 것이다. 나는 왜 평생을 부정의 감정으로 힘들어했는가? 행복의 지혜는 어떻게 얻을 수 있을까? 질문의 답이 화장터의 불길에 어른거리듯 희미하다. 갑자기 철학에 의지하고 싶어졌다. 모든 것에 의문을 제기하도록 도와주고 답을 찾을 수 있다는 희망이다. 죽음과 가난을 정의하고 힘든 삶의 여정에서 새로운 생각을 찾을 수 있을 것 같다. 모든 것을 다 가진 사람들이 자살을 택하는 이야기는 우리에게 무엇을 말하는가? 최고의 인기를 누렸던 사람이나 높은 지위에 있는 사람들의 불행한 모습과 마주하지만 깨달음이 없었다. 나도 그랬다. 순례자가 되어 이곳에서 며칠이라도 배회하고 싶은 마음이다. 많이 힘들었구나! 위로하는 마음이 드는 순간, 슬프지도 기쁘지도 않은데, 왠지 모를 눈물이 흐른다.

 내가 누려 왔던 겉모습의 욕구를 다시 돌아보았다. 앞서가는 사람들을 훔쳐보며 비참해지지 않으려고 스스로를 변명해야 했다. 의욕과잉시대의 한가운데 서서 성공과 성취에 집착했다. 부정의 자아상을 감추기 위해 자기연민이라는 허울 속에 나를 가두었다. 성실하고 열심히 살고 있다는 말로 위로해야 했다. 당연히 목표는 소란스러운 허영이나 자만이라는 외재적 가치였다. 겸손이나 배려, 자아실현이라는 소중한 내재적 가치를 보지 못했다. 나는 언제 삶의 의미를 느끼는지, 무엇이 행복인지 알지 못했지만 모든 것을 안다는 교만으로 가득했다.

화장터의 불길을 보면서 나의 몸이 점점 굳어 가고 숨을 거두는 죽음의 감정을 부른다. 현재를 살아가는 현실의 감정과 교차시켜 보았다. 지난날을 돌아보며 아쉬움의 감정을 느낀다. 지금부터 나에게 집중하도록 격려한다. 아픈 마음을 치유하는 길이다. 기존의 정체성과 가치관에 맞서야 한다는 욕구들이 올라온다. 진실로 통하는 내면의 통로를 가로막고 있는 것은 무엇인가? 지혜로 포장된 교만이다. 껍질을 벗겨야 나를 만날 것이다. 화장터를 떠나면서 마지막 질문을 던져 본다.

내가 알고 있는 가치관은 정말 옳은가?
죽음의 문 앞에서도 후회하지 않을 일들에 집중하고 있는가?

저항을 내려놓고 질문을 포용해야 진정한 나로 살 수 있다. 내가 알아 왔던 정체성, 가치관, 성격에 의문을 가지는 것이다. 왜 아팠을까? 성찰에 답이 있을 것이라는 깨달음에 마음이 설렌다.

산티아고에서 비우다

☾ 욕망의 짐

산티아고 순례길은 에밀리오 에스테베즈(Emilio Estevez) 감독의
영화 〈더 웨이(The Way)〉로 유명하다. 버클리 대학원에서 박사 학
위 코스를 밟고 있던 톰은 학업을 중단하고 진실한 세상을 경험
하려고 산티아고 순례길을 떠난다. 순례길은 프랑스 생장(St. jean
pied de port)에서 스페인 산티아고 성당까지 가는 800㎞의 대장정
이다. 불행하게도 순례 첫날에 톰이 사고로 사망한다. 주검을 수
습하기 위해 스페인에 도착한 아버지 다니엘은 아들의 뜻을 대
신하고자 유해와 함께 순례를 시작한다. 절망에서 회복력을 얻
었고, 공감과 소통, 배려의 가치를 체험한다. 걷는 것의 힘이다.
이야기나 책으로 경험하는 것 이상의 내면적 성찰을 얻는 최고

의 예술이었다.

산티아고 데 콤스텔라 대성당(Cathedral of Santiago de Compostela)
은 예루살렘과 로마에 이어 세계 3대(大) 성지(聖地)의 하나로 추
앙받는 곳이다. 예수의 열두 사도 중 한 분으로 기독교 포교에 많
은 공헌을 하신 성 야곱(Jacob)의 유해가 모셔져 있다. 2000년도
이후 산티아고 순례길을 찾는 한국인들이 가히 폭발적이다. 성
찰을 중요하게 생각하는 우리의 특성과 순례라는 이미지가 조화
로운 의미를 주기 때문일 것이다.

우리 가족은 출발 장소를 폰페라다(Ponferrada)로 정했다. 시내
에서 일박 후 출발 스탬프를 찍어 주는 알베르게(Albergue)로 향
했다. 순례자 여권인 끄레덴시알(Credencial)에 첫날의 출발 인증
스탬프를 받았다. 하루에 20㎞를 걷는다는 것이 쉬운 일은 아니
었다. 첫날은 자연과 함께하는 시간으로 행복했다. 스페인의 명
산물인 문어요리 뽈뽀(Pulpo)도 즐거움을 더했다. 둘째 날에는
배낭의 무게가 힘들게 느껴지더니, 셋째 날에 예상하지 못한 문
제가 생겼다. 무릎 통증으로 배낭을 메고 계속 걷기는 불가능한
상황이 되었다. 무게를 줄여야 했다. 이때 아내는 비 올 때를 대
비하여 준비하였던 비옷을 각자의 배낭에서 꺼내서 버리자고

제안했다.

"비 좀 맞으면 어때! 못 가는 것보다는 낫잖아!"

배낭에서 가장 무거운 것이 비닐로 된 우비다. 비가 안 올지도 모르는 상황에서 감당하지 못하는 무게를 지고 고통스럽게 걷는다는 것이 어리석게 느꼈다. 순례길을 마칠 때까지 비는 오지 않았다. 불확실한 미래를 대비하는 것은 필요하지만 현재의 고통을 참아 가면서 그 짐을 지고 있는 것에 무모함을 깨달았다. 버리는 것, 비우는 것에 대한 새로운 성찰이었다.

나는 꼭 필요한 물건만을 탐하였는가? 다른 사람에게 멋지게 보이려는 욕망이 없었다면 비싼 옷을 입겠는가? 거리를 활보하며 어깨에 걸치는 가방은 물건을 담으려는 목적만으로 샀겠는가? 번쩍이는 장신구들은 무엇을 의미하는가? 탐욕이다. 비움을 얻었던 순간이 행복의 시작이라는 생각이 들었다. 우비를 버린 것이 걷기의 포기가 아니듯이 비움은 모든 것을 내려놓는 것이 아니다. 중요한 것을 선택하고 집중하는 것이다.

비움의 경험은 참고 견뎌 온 스스로를 돌아보는 시간이었고 가치의 기준이 타인에서 나로 바뀌는 과정이었다. 누구에게나 주어진 기회는 동일하다. 모든 것에 집착하고 많은 것을 붙들고 있는 것이 행복이 아니다. 불필요한 것을 버리는 용기, 나에게 필요한 가치를 선택하는 지혜, 이것이 나의 삶이고 만족이다. 비움의 지혜를 깨우치다니! 코끝이 찡한 연민이 느껴진다. 나를 사랑한 적이 있는가? 이제부터라도 나를 사랑하고 싶다.

☾ 사랑의 힘

장거리 걷기는 짐의 무게를 똑같이 나누는 것이 중요하다. 가방 3개를 들어 보았다. 무게가 비슷하다. 출발 전 커피 한 잔을 더 마시고 싶다. 커피를 급하게 마시고 방에 와서 배낭을 메는 순간 무게가 다르다.

"내 가방의 짐을 누가 더 가져간 거야?"
아내와 아들은 배낭을 메고 벌써 큰길로 나가 있었다. 아내의 말이 들려왔다.
"빨리 출발합시다."

아침마다 일어나는 풍경이다. 배낭에 짐을 쌀 때 서로 조금이라도 더 담으려고 다툼이다. 감시의 눈에서 멀어지면 자신의 가방에 짐을 더 넣는다. 다리에 통증을 경험한 나에 대한 가족의 배려는 말로 표현하는 것 이상의 감동이었다. 가족애란 이런 것이구나 공감하기에 충분했다. 100㎞ 이정표를 지났을 때 조그마한 소품들을 진열해 놓은 작은 가게가 보였다. 아내는 기념으로 액세서리를 사자고 했다. 올레 표시가 되어 있는 팔찌를 사서 손목에 걸었다. 우리 가족은 행복이 지속되도록 순례 단어인 "부엔 까미노(Buen Camino)"를 외치면서 기도하는 의식을 가졌다.

비움의 경험이 비교감정이 되어 나의 인생 여정을 돌아보게 했다. 성공의 욕망이 지금의 배낭과 같이 감당할 수 없을 정도로 무거웠을 것이라고 처음 생각해 본다. 그럼에도 내가 꼭 지고 가야하는 것인가를 질문하지 않았다. 목적지에 빨리 도달하려는 생각뿐이었다. 짐의 무게를 느낄 수 있는 여유가 없으니 내려놓을 생각을 하지 못했고 멈추어서 나의 모습을 보지 못했다. 모든 부정감정의 무게를 등에 메고 살아왔던 내가 얼마나 고통스러웠겠는가?

고난의 삶을 어떻게 이겨 왔을까? 배낭의 짐을 서로가 더 많이 담으려고 숨바꼭질했듯이 내가 버틸 수 있었던 힘은 가족이었다. 사랑의 힘이다. 배낭에서 무거운 비닐 우비를 내려놓을 때 가벼움과 편안함을 얻었다. 인생에서도 내가 신조로 간직했던 성취와 도전이라는 욕망의 짐도 덜어야겠다는 생각이 들었다. 가벼움을 얻고 싶은 욕구다. 나와 아들, 아내는 인생의 삶에서도 버려야 할 것들이 있을 것이라는 나의 생각에 동의하였다.

☽ 배려와 비움의 경험들

순례 여정이 반을 지났을 때 작은 성당에 들렀다. 무사함을 기원하고자 촛불을 켰다. 이 순간에 배낭을 멘 초로의 남자를 보았다. 성당의 문 앞에서부터 무릎을 꿇고 두 손을 합장한 채 중앙으로 기어오고 있었다.

누구를 위한 기도인가?
깨우침을 위한 기도일까?
신 앞에 나를 진실되게 낮추는 경험은 어떻게 가능할까?

자신의 본성을 갈구하는 간절함이 느껴졌다. 이 남자가 기어가면서 기도하는 모습은 세상에서 가장 순수한 순간이었다. 자신의 순수함을 신과 함께 교감하는 것 자체가 축복으로 느껴졌다. 세상에 겸손해지자는 다짐의 마음이 자연스럽게 일었다.

이른 새벽 시간이다. 또 다른 작은 성당이 보였다. 성당으로 들어가니 의자도 몇 개밖에 없는 좁은 공간에 나이 지긋하신 신부님이 혼자 계신다. 신부님은 우리가 어디에서 왔는지 물으셨다. 한국에서 왔다고 말씀드렸더니 우리 가족을 위해서 특별히 기도를 해 주셨다. 아주 작은 수첩에는 기도문이 빼곡히 적혀 있었다. 들을 수 있었던 말은 '꼬레아'라는 단어뿐이었다. 그러나 우리 가족은 노로의 신부님이 얼마나 열심히 기도를 해 주시는지 감사함을 느끼기에 충분했다.

순수한 감동이 행복의 감정으로 다가왔다. 소박하고 검소한 기도를 보면서 욕망이라는 짐을 또다시 떠올려 보았다. 문 앞까지 나오셔서 손을 흔들어 환송해 주신다. 키가 작고 연세가 많으신 신부님의 기도 덕분에 순례길을 무사히 마쳤을 것이다. 우리는 이분을 지구상에서 가장 성실한 신부님으로 호칭하기로 했다. 진실한 배려에 머리 숙여졌다. 감사드린다. 배려, 내가 살아야 하는 의미를 느끼게 해 주고 상대에게 감동을 주는 선물이었다. 작은 노력으로 행복이라는 울림을 주는 단어였다.

순례길을 걷는 동안 한국분들도 만났다. 교수직을 정년퇴임하시고 앞으로 어떻게 살 것인가를 고민하고 걸으시는 퇴임 교수도 있었다. 그의 얼굴에서 교수의 근엄함이 아닌 비움의 열망을 읽을 수 있었다. 프랑스에서 학업을 마치고 고국으로 돌아가는 지금에도 취업을 하지 못했다는 젊은 미술학도도 만났다. 불안을 가득 안고 순례길을 걷고 있었다. 여행에서 만난 잠시의 인연이지만 새로운 삶이 펼쳐지기를 기원하게 된다. 아버지 없이 어머니와 딸이 평생을 같이 살았는데 딸이 시집을 가게 되어 모녀간에 마지막 이별 여행을 오신 분도 있었다. 잠깐의 대화였지만 아직도 생생하게 떠오른다. 현재를 비우려는 마음, 새로운 변화를 받아들이려는 희망을 보았다. 우비를 버리면서 생각했던 비움의 약속이 새롭게 느껴졌다. 이것이 여행의 멋이고 공감력이 아닐까 싶다. 고난스럽고 힘든 여정이었지만 즐겁고 행복했다.

길게 느껴졌던 220km의 순례길 도전을 건강하게 마치고 산티아고에 입성하였다. 성당의 정오미사에 참석하여 우리 모두가 순례자로 인정받았다. '영광의 포치'에 서 있는 성인의 상에 입맞춤하면서 산티아고 대성당을 떠나는 의식을 하였다. 우리는 간절히 기도했다. 비움의 공간에 행복이 가득 채워지기를….

부탄과 덴마크의 행복

☽ 부탄의 행복

덴마크나 부탄은 행복순위도 조사에서 항상 상위에 위치해 있다. 이들이 추구하는 행복의 의미는 무엇인가? 행복지수 최상위를 형성하고 있는 두 나라의 차이는 어떠한가?

부탄으로 향하는 비행기 여행은 히말라야산 전체를 볼 수 있어 즐거움을 더한다. 비행기에서 내려다보는 자연의 풍경은 오염되지 않은 태초 그대로의 모습 같아 신비롭다. 행복의 나라, 부탄이라는 이름만으로도 편안함과 정겨운 감정을 불러일으킨다. 부자와 가난을 불행으로 생각하지 않으니 인정받고 싶어 하는 강박증도 없다. "돈이 적어 힘든 것이 아니라 더 벌려고 희생할 때 힘들어진다."는 가이드의 말이 감동이다. "동물들은 방목을 해야 하며 인간이 편하자고 말을 고생시키지 말아야 한다."는 설명에 머리 숙여졌다. 이곳에 있는 것만으로도 행복지수 상위에 위치하는 부탄의 행복감이 몰려온다. 마음을 다스리는 것, 상대적 비교를 하지 않는 관대함과 평온함이 그들의 행복이다. 일상의 기도는 개인에 대한 축원만이 아니다. 공동체의 편안을 위한 마음이며 자연과 동물을 위한 기도이기도 하다. 배려와 긍정으로부터 얻어지는 행복의 모습이다.

부탄은 세계 속에서 어디 있는지 대부분 알지 못하는 인구 소국의 나라로, 왕과 종교적 지도자인 대종사가 통치하고 있다. 도로에 짐승들이 즐비하지만 전혀 불편하지 않다. 관광객의 숫자를 제한하여 경제적 이익보다는 자연의 가치를 지킨다. 이렇듯 내가 본 부탄은 물질을 우선으로 하는 현대인의 행복 개념과 전혀 어울릴 수 없는 조건이지만 이들은 행복하다. 부탄의 행복은 정신세계를 통하여 완전한 세상을 이룰 수 있다는 믿음이고 이를 최고의 가치로 숭상하는 문화다. 이러한 당위성에 의심을 가지지 않은 채 본질을 지키고 있는 순수함이 행복이다. 사람도 나무나 동물, 자연과 같이 큰 공동체의 일부이고 친절이 상업적이거나 가식적이지 않다. 개인보다는 공동체가 우선이라는 공감의 마음이다. 영국의 심리학자 로스웰(Rothwell)과 인생상담사 코언(Cohen)이 개발한 국가별 행복지수에서 항상 최상위로 평가받고 있는 이유다.

☾ 북유럽의 배려문화

최근에는 북유럽 문화에 호감을 가지는 사람들이 점차 늘고 있다. 유능한 젊은이들의 꿈은 이곳으로 이민 가는 것이라고 한다. 북유럽 국가의 생산품까지 신뢰할 수 있는 제품으로 인식되면서 문화는 물론, 북유럽이라는 단어 자체가 동경의 대상이 되고 있다. 세계 행복보고서(World Happiness Report)에서 최고의 국가들로 평가받고 있기도 하다. 북유럽 국민들은 행복을 어떻게 경험하고 있는가? 어떻게 이들의 내면적 감성까지 발견할 수 있을까? 더 행복해지려는 기대를 안고 두 번째 북유럽 여행을 시작한다.

스웨덴의 말뫼에서 기차를 타고 30분 정도면 코펜하겐에 도착한다. 자전거로 가득한 역사 주변의 풍경에서 이들의 검소함이 느껴졌다. 최고의 백화점에도 명품관이 없다. 거리에는 소형차

들만 보일 뿐이다. 내가 서 있는 이곳의 모습이 국민소득 최고 그 룹의 부자나라라는 사실이 나를 어리둥절하게 했다. 벤담(Jeremy Bentham)이 주장했던 공리주의(功利主義)가 우선하는 세상으로 보 였다. 이들을 이해하려는 노력이 나를 오텐세로 향하게 했다. 행 복의 감정을 안데르센의 동심에서 찾아보고 싶었다.

코펜하겐에서 오텐세로 가는 기차에서 우리 가족이 메제모스 여사와 초등학교에 다니는 아들 구스타프를 만난 것은 행운이었 다. 자연스럽게 자녀에 대한 대화가 시작되었다. 부모나 학교가 추구하는 교육의 기준이 다르다는 것을 몇 마디 대화에서 알 수 있었다. 메제모스 여사에게 구스타프의 진로에 대하여 질문하 였다. 나의 기대와는 다르게 매우 놀라는 모습이다. "아들이 초 등학교 5학년이므로 진로를 깊게 생각할 나이가 아니다. 부모로 서 가장 중요하게 생각하는 것은 아들이 잠을 많이 자게 돌보는 것이다. 육체와 정신의 성장과 창의적인 사고를 위해서다." 방과 후에는 또래들이 서로를 배려하는 사회를 경험하도록 다양한 활 동을 시킨다.

"교육은 경쟁을 배우는 것이 아니고 함께하는 학습이다. 지식 보다는 배려의 태도가 우선이다."

생각이 다를 것이라고 생각은 했지만 그 이상의 차이였다. 자녀의 진로에 대해서는 매우 신중하게 설명해 주었다. 자신이 대학교를 졸업하였기 때문에 "아들 구스타프에게도 높은 수준의 교육을 기대한다. 직업 선택의 폭이 넓은 능력자가 되기를 바라는 마음이다." 그러나 이것은 자신의 생각일 뿐이라고 선을 그었다. "부모의 생각이 자식에게 강요된다면 반드시 자녀의 저항이 따르고 갈등의 원인이 된다. 진로는 자녀 스스로가 찾아야 한다. 부모는 선택하는 과정에서 조언자 정도의 역할이면 충분하다."

☽ 덴마크의 행복

덴마크 사회에 대한 이야기는 나에게 신선하게 다가왔다. 리더는 기능인이나 기술자들의 지식과 생각을 취합하여 정리하고 조정하는 사람이다. 총괄하고 지시하는 사람으로 생각하지 않았다. 어떤 업무나 직책도 동일하게 중요하다. 기능인도 관리자와 같은 수준의 중요한 역할을 하고 있다는 믿음이다. 이러한 관습은 현재 아들 구스타프가 열심히 참여하고 있는 또래 활동을 통하여 어릴 때부터 자연스럽게 학습되고 있다. 서로가 존중하고 배려하는 마음을 우선적으로 교육하는 그들의 생각이 부럽기까지 하다. 급여도 직업에 따라 다를 수 있지만 차이의 분포가 원만한 곡선 구조다.

덴마크 사람이 느끼는 휘게(Hygge)에 대해서도 이야기해 주었다. 지금 아들과 차 마시며 함께하는 이 순간이 행복이다. 자신이 알고 있는 덴마크의 지식을 나에게 설명해 주는 것도 행복이다. "가장 큰 행복은 자신의 행동으로 다른 사람에게 도움을 주었을 때이다."라고 말하는 모습에서 진정성이 느껴졌다. 배려의 감정을 나누는 것이 우리 모두가 행복할 수 있는 길이라는 생각이 들었다.

덴마크의 독특한 문화인 얀테의 법칙(Law of Jante)에 대해서도 설명해 주었다. 자신의 자랑보다는 타인을 동등하게 존중하는 공동체의 이야기는 우리 사회와 비교되는 모습이다. 얀테의 문화에서는 1등만이 관심의 대상이 아니다. 서로를 칭찬하는 문화에서 모두가 자존감을 얻는다. 구스타프는 오래 수영하는 것이 특기다. 친구들에게 인정받고 있다고 자랑하는 그의 모습에서 자신감이 느껴졌다. 우리에게는 상상하기 어려운 사건이다.

덴마크 전체를 몇 사람의 생각으로 모두 표현할 수는 없겠지만 코펜하겐의 유명백화점 앞을 가득 메우고 있는 검소한 자전거의 행렬을 보면서 분명 우리와는 다른 부분이 있다고 느꼈다. 의식의 차이, 이것이 행복을 향유하는 지혜로운 모습이 아닐까라는 생각이 들었다. 한국의 학부모들이 열광하는 북유럽의 교육, 생활습관, 인간관계 등 모든 것이 본성에 순응하는 것이고 인공적인 것을 최소화하는 것이었다. 이들을 이해하기 위해서는 보편적인 지식과 올바른 질서를 볼 수 있는 지혜가 필요했다. 인간의 내면에 존재하는 본성을 신뢰하는 것이 이들의 삶이기 때문이다.

여행을 마치면서 덴마크에서 살아야만이 이러한 지혜를 가질 수 있는가라는 질문이 생겼다. 우리가 부탄이나 덴마크처럼 상대를 존중하지 못하는 이유가 무엇일까? 사회적으로 교육받지 못하였고 우리 스스로도 깨달음이 없었다. 일등을 해야 된다는 강박과 나만을 인정해 달라는 이기적인 욕구만 있다. 이기려는 생각만 가득하니 누구도 승자가 될 수 없다. 일등을 차지한 사람마저도 패배자로부터 존경받지 못한다. 서로를 배려할 때 모두가 승자가 되는 따뜻한 사회가 될 수 있다. 나만을 배려해 달라고 기대하기 전에 내가 먼저 다가서는 배려를 연습해야겠다.

작은 마음의 변화가 사회 전체를 바꿀 수 있다는 믿음이 느껴
온다. 나와 이웃이 배려를 알고 실천했다면 우리도 덴마크만큼
행복한 세상이 되었을 것이다. 이것이 나만의 환상일까?

나는 걸었다

정체성을 말하다

미국에 온 지 며칠이 지났다. 둘러본 곳은 많지만 버스 탄 기억밖에 없다. 너무나 바삐 다닌 후유증이다. 오늘은 메트로폴리탄 미술관(Metropolitan Museum of Art)을 방문하는 일정으로 여유로워지고 싶다. 느리더라도 편하게 갈 수 있는 방법, 아내와 나는 지하철을 타기로 했다.

세계 3대 박물관답게 첫 모습이 웅장하다. 수많은 예술품 중에서 호감을 느끼는 작품이 하나라도 있었으면 하는 바람으로 전시물을 관람했다. 다비드(Jacques Louis David)가 그린 〈소크라테스의 죽음〉을 여기서 만났다. 그림이 주는 메시지가 너무 강렬하여 오래도록 마음에 남는다. 죽음을 앞둔 소크라테스보다 슬퍼하는 제자들의 모습과 독약을 건네는 집행관의 고뇌를 잘 묘사하고 있다. 대비적으로 보여 주는 소크라테스의 마지막 메시지는 관람자에게 자신의 의도를 확실히 전하고 있다. 손가락의 방향이 하늘을 향하고 있지만 대중을 향한 꾸지람으로 느끼기에 충분하다. 독약을 마시면서까지 "너 자신을 알라."고 설교하는 모습이 인상적이다. 우리 시대에 "너 자신을 알라."는 메시지는 어떤 의미인가?

나는 스스로의 정체성에 대해 깊이 생각해 본 적이 없다. 당연히 믿고 있는 논리를 검증하고 싶어졌다. 무지함을 깨닫는 방법이고 변화를 받아들이는 첫걸음이다. 현대라는 이 시대에서 나는 어떤 정체성을 가지고 살아야 하는지 알지 못한다. 그러나 모든 것을 안다는 착각으로 살고 있다. 아는 것이 없다는 것을 알아야 질문을 하고 답을 찾을 것이다. 이것이 성찰이고 지식의 결핍이다. 사르트르는 "실존이 본질에 앞선다."고 했다. 스스로가 정체성을 찾아야 하는 것이 인간의 숙명이라는 의미다. 미술관을 나오면서 본성에 접근할 수 있는 질문이 떠올랐다.

진실된 나를 어떻게 찾을 것인가?

19세기에 출현한 인상파는 물체의 본질을 그리려고 노력했던 화가들이다. 모네에게는 지베르니 정원에 투영되는 수초들의 모습이 실재였고, 세잔은 빛에 따라 변화하는 정물을 하루 종일 보면서 한 장의 그림에 본성을 그렸다. 세잔이 그렸던 사과는 플라톤이 주장하는 이데아에 충실한 사과였을까? 프랑스 파리의 모네 정원과 남부의 세잔, 고흐의 발자취를 걸으면서 빛에 따라 투영된 정물일 뿐이라는 생각이 들었다. 그러나 인상파 화가들은 자신의 그림이 대상의 본성을 그린 것이라고 믿었다.

믿는다는 것은 무엇인가? 사람들이 가진 자신의 일관성이며 정체성이다. 여기서 다시 질문이 생긴다. 정체성은 어떻게 형성되는가? 살면서 얻게 된 자격이나 지위 또는 구성원으로 성장하면서 느끼는 인식과 경험의 총합이다. 자신의 마음에 투영된 본성과 욕구의 세계다.

가족을 버리고 다른 여성과 결합한 아버지를 미워하며 자란 딸이 있다. 남자들은 나에게 상처를 주는 존재라는 생각에 집착하게 된다. 이것이 정체성으로 자리하여 남자에 대한 부정적인 신념이 평생을 지배한다. 남자를 거부하는 독신이 되거나 신뢰성이 결혼 선택의 기준이 된다. 한 남자가 연상의 여자에게 집착하여 결혼한다. 어머니로부터 사랑을 받지 못하며 자란 아들이다. 어머니의 사랑과 인정을 받고 싶어 하는 욕구가 아내 선택의 기준이었다. 뇌의 기억은 거짓으로 포장하더라도 현재와 과거의 경험을 일치시키려 한다. 이렇듯 정체성은 현실이 고려된 이성적인 신념이 아니라 과거의 기억에 의미를 부여하는 비이성적인 가치일 수 있다.

이렇게 구성된 정체성을 확실한 나라고 할 수 있는가?

일상적 경험과 관련된 우리의 생각은 왜곡되거나 편견에 싸여 있어 실재적이지도 객관적이지도 못하다. 모네가 정물의 본성을 그리려고 노력했지만 투영물이었다. 이미지를 자신의 실재적인 존재로 착각하고 있을 뿐이다. 인간의 삶도 마찬가지다. 투영된 그림자를 부여잡고 자신으로 철저히 믿으며 산다. 자신의 삶을 결정하는 진정한 나의 정체성은 어디에 있는가? 일치시키는 사고가 진실인가라는 질문만으로도 깨우침을 얻을 수 있다.

인생은 흔들리는 선택의 연속이다. 부정감정의 구렁텅이에 있으면서도 행복하려는 욕구는 여기저기를 기웃거린다. 이에 저항하며 평생을 한 회사에 다녔다면 자랑이고 축복이다. 한편으로는 나의 삶이 아닌 조직원의 삶으로 살았던 결과다. 회사에서 주어지는 목표가 나의 신념이었고 삶의 전부였다. 이것이 성공이고 행복이라고 믿었다. 돌아보니 이러한 도전은 자아를 통한 진실된 삶이 아니었고 투영된 정체성의 욕구였다. 나는 누구인가에 대한 답은 나 자신에게서 찾아야 했지만, 수많은 빌딩의 신기루를 좇고 타인과의 비교에 집착하며 살아왔다. 사회적으로 우월하기 위한 도전이었을 뿐이다. 나의 삶 전체를 다시 돌아보는 이유다.

직장 생활이 외적으로는 자유로운 선택인 듯 보이지만 적응해야 하는 생존의 울타리가 있다. 가두어진 삶은 자유를 갈망하지만 나는 경계선에 서서 두 목소리에 갈등했다. 울타리 안에 머물러야 한다는 당위성과 울타리를 떠나려는 유혹에 대한 내면의 투쟁이다. 한 번도 벗어난 적이 없는 울타리 밖을 생각하는 순간, 두려움이 위협한다. 울타리 안의 인생이 최고라는 가면을 씌운다. 조금만 더 인내하면 행복의 고지에 오를 수 있다고 자위하면서 살게 된다. 이 싸움의 끝은 스스로를 설득한 후에 마친다.

어떻게 설득할 것인가?

꿈을 이루어 가는 과정이 자신의 삶이다. 꿈은 호기심과 창의성이 있을 때 만들어진다. 이들을 얻기 위해서는 성찰과 동기가 필요하지만 남을 의식하고 부화뇌동하는 습성이 강하다. 그래서 자신에게 "예"라고 말하는 리얼리티적인 삶을 살지 못하고 있다. 타인에게 보여 주기 위한 가면의 정체성을 추구하면서 SNS나 TV의 리얼리티 쇼(Reality Show)에 열광하는 이유다. 자신을 과대 포장하고 싶은 공간이고 외롭고 힘든 자신을 위로해 달라는 몸부림이다.

이렇게 학습된 우리는 사회에 진입하는 순간 일과 수입 등 외적 기준으로 자신의 가치가 결정된다고 믿기 시작한다. 이것이 신념이 되어 살아가지만 어느 순간 "지금의 모습이 진정한 나인가?"라는 질문에 마주한다. 자신의 욕구대로 살고 싶다는 목마름이다. 이때 허둥대지 않으려면 내면의 목소리를 무조건 억누르고 통제하는 것으로 그쳐서는 안 된다. 타의적인 삶에 집중하였던 만큼 자신의 목소리에도 귀 기울여야 한다. 내가 나로 살 수 있는 기준이고 올바른 정체성을 얻는 방법이다.

나는 인문학과 친구가 되었을 때 허상의 자신과 마주했다. 가면의 정체성이 드러났지만 파괴할 수 없었다. 타인의 욕구는 이미 나의 삶을 결정하는 주인으로 행세하고 있었기 때문이다. 나의 욕구는 나약한 추종자의 모습으로 숨을 죽이고 있었을 뿐이다.

나는 어떻게 거대한 허상의 정체성과 맞설 수 있었는가?

현재에 머무르고 있는 감정이 진실로 나의 것인가? 신념체계에 끊임없이 의문을 제기했다. 비움으로 나를 보았고 성찰에서 질문을 얻었다. 지혜의 힘은 욕망하는 자신과 마주하도록 용기를 주었다.

소크라테스의 정체성은 자신이 철학자라는 것이다. 철학의 진실이 주관적이고 상대적이라는 소피스트들의 개념에 저항하여 객관적이고 보편타당한 진리의 철학을 설파하였다. 새로운 논리가 기존 소피스트들에 반감을 사게 되어 사약을 받는다. 도피할 수 있었지만 자신의 철학적 주장을 목숨으로 지킨다. 이와 같이 정체성은 곧 자신이며 생명과도 같은 존재다.

☽ 나는 어떻게 정체성을 찾았나?

걷기를 즐겼다.

정체성을 성장시키는 중심적 행동이었다. 일상에서 탈출하여 더 많은 것을 풍성하게 받아들이는 자유로움이다. 장 자크 루소는 "걸을 때는 나 자신이 없다."고 했다. "나는 걷는다. 고로 나는 철학 한다." 니체의 말이다. 걷는 것만으로도 철학자가 된다. 걷기는 흔들림 없는 나만의 정체성을 발달시키는 효과적인 방법이었다.

알아차림 명상의 도움을 얻었다.

호흡을 느끼고 몸과 대지가 접촉하는 부분에 집중하면서 계속해서 나타나는 생각에 귀 기울였다. 깊은 고요와 무심의 상태가 되어 내면에 몰두한다. 생각으로부터 도망가거나 회피하지 않고 자신과 마주하는 것이다. 불안이나 두려움을 부추기는 머릿속의 소리를 들으면서 지금 이 순간을 느끼는 것이다. 나를 객관적으로 볼 수 있었다.

인문독서를 하면서 책의 내용을 의심하고 질문하였다.

읽은 책을 반추하며 나의 언어로 쓰는 연습을 했다. 습득된 지식은 나의 가치로 설명이 가능한지 질문했다. 세상의 유혹에 저항하며 나를 찾는 방법이었다.

정체성은 본능적으로 욕구했던 수많은 정보 중에서 올바른 나를 선택하는 지혜이고 일의 목표나 사람과의 관계를 판단하는 기준이다. 추구하는 나의 정체성은 이타성이고 지식의 목마름이었다.

두근거리는 첫 수업

☽ 심리학에 입문하다

미네르바는 지혜의 여신으로, 상징하는 새는 부엉이다. 지혜는 어두운 길도 환하게 볼 수 있는 능력이다. 점으로 저장되어 있는 지식을 연결하여 가치를 얻는다. 문득 질문이 생긴다. 나는 행복을 찾을 수 있는 지혜를 가졌는가? 부족함을 느낀다. 행복의 길목에서 방황하는 이유다. 이기는 방법을 배우면서 이것이 행복의 길이라고 믿었다. 마음을 다스리는 지식은 어디에도 없으니 진정한 나의 감정을 이해할 수 없었다.

나는 기술직으로 정량적인 목표와 성과만 추구했던 단순한 삶을 살아왔다. 외형적인 성취를 이루면 행복이 보장되는 것으로 믿었다. 목표가 모든 가치였고 성취와 행복을 동일시했기에 성과에만 집착했다. 마음이 아팠던 그 길을 바로잡지 못한 것은 어쩌면 당연했다. 이제라도 내가 주인인 삶을 살고 싶다. 지식을 채우려는 몸부림이자 지혜를 찾으려는 첫걸음이다.

꼭 합격하겠다는 간절한 마음으로 잠이 오지 않는다. 뒤척이다 보니 새벽이다. 깨어 있지만 무엇을 해야 할지 초조함으로 머릿속이 하얗다. 평온함을 찾으려고 시험장으로 일찍 출발했다. 대기실에 들어서니 생각보다 지원자들이 많다. 말은 하지 않은 채 서로를 살피고 있다. 경쟁자들을 보고 있노라니 점점 자신이 없어진다. 또다시 불안감이 엄습한다.

"평생을 기업에서 정량적인 사고와 공학의 개념으로 살아왔다. 인문학의 개념을 잘 설명할 수 있을까? 젊음과 학식으로 무장된 경쟁자들을 이길 수 있을까? 회사에 사표까지 제출하고 도전하는 시험인데…."

합격할 수 있는 나의 강점이 무엇인가? 호흡이 빨라지고 가슴이 조여 온다. 눈을 감았다. 내가 합격할 수 있는 강점은 나에게서 찾아야 한다. 프로젝트를 수주하고 수행했던 순간들이 머릿속에 영상으로 몰려왔다. "세계 최고의 기업들과 경쟁하여 우수한 성과를 창출한 내가 아닌가? 나에게도 극한의 어려움까지 경험한 자산이 있다. 당당하고 싶다. 이러한 모습이 시험에서도 나의 강점이 될 것이다." 이루고자 하는 간절함을 담아 확신의 주문을 외웠다. 심리학을 하려는 간절함을 교수님들에게 어떻게 전달할 것인가? 머리가 채 정리되기도 전에 나의 차례가 되었다.

면접관 다섯 분이 계셨다. 의자에 앉는 순간 입이 바싹 말라 온다. 가운데 계신 면접관이 질문을 하신다.

"어려운 학문의 길에 도전하게 된 동기가 있습니까?"

이 질문이 합격과 불합격의 분기점이라고 느껴졌다. 수많은 사건의 순간들이 떠올랐다. 회사의 리더로서 목표에 집착하면서 직원들과 갈등하였던 고통의 순간들이었다. 성과에 집착했던 대화의 끝은 리더나 부서원 모두의 감정에 상처를 남겼다. 상처를 안고서 스스로에게 했던 질문이 답이 될 수 있다고 생각했다. 이것을 간절히 설명하는 것이 강점이 될 것이다.

"프로젝트를 수행하면서 갈등 없이 목표를 이룰 수 있는 방법을 고민하였습니다. 감정의 고통을 최소화할 수 있는 지식과 지혜를 얻고 싶었습니다. 이러한 능력을 가지지 못한 것에 항상 마음이 편하지 못했고 공감하고 배려하는 방법도 부족했습니다. 그렇지만 저와 직원들은 갈등과 좌절의 순간에도 인내하고 극복하여 성과를 이루었습니다. 긍정의 감정은 어떻게 얻을 수 있었는지 연구하고 싶습니다. 내가 했던 고민을 선배들도 했을 것이고 후배들도 똑같이 반복할 것입니다. 갈등과 상처를 최소화하면서 성과를 이룰 수 있는 길이 분명히 있을 것입니다. 해결 방법은 사람을 아는 것이라는 생각을 하였고, 이것이 심리학을 연구하려는 동기입니다."

면접관들은 학문의 길이 쉽지 않다고 몇 번이나 강조하셨다. 나는 흔들림이 없었다.

"선택하는 길이 어렵더라도 통찰을 얻고 새로운 가치를 배우기 위한 도전입니다. 인간의 마음을 알아서 상처 없이 직무 수행을 할 수 있는 능력자가 되고 싶습니다. 갈등으로 상처받은 동료들을 치유해 주는 심리학자가 되어야 하는 간절함이 있습니다. 직장인도 행복할 수 있는 지혜를 찾고 싶습니다."

이 간절함에 교수님들이 후한 점수를 주셨을 것이다. 합격증을 받은 순간 비움과 성찰로 얻어진 여유를 행복의 지혜로 채워야겠다고 생각했다. 모든 직장인들이 행복하게 근무하는 그날이 올 때까지 공헌하고자 하는 도전의 각오를 다졌다.

☽ 감정지능을 성장시키다

학문의 목표를 감정지능의 성장으로 정했다. 핵심 감정을 찾아야 마음의 평정을 얻을 것이다. 옳은 것만 찾는 것이 아니고 어떻게 틀렸는지도 알아야 한다. 틀린 것을 옳게 고치려는 욕망보다는 적게 틀리는 방법을 아는 것이다. 나의 감정을 수용하고 조절하는 능력을 얻는 것이고 행복의 길이 될 것이다.

심리학 공부는 인문지식의 성장을 위한 것이다. 대부분의 학우들은 학부에서 심리학이나 교육학 또는 인문학을 전공하였던 분들이어서 더욱 좋았다. 이들과 토론하면서 인문학의 매력에 점점 빠져들었다. 삶의 의미와 가치는 인문학으로 접근해야 통찰을 얻을 수 있다고 믿기 시작했다. 이것이 새로운 문제를 잉태하게 된다. 공학의 사고를 부정해야 했기에 나를 혼돈스럽게 하였고 무의식의 저항으로 내면적 갈등까지 더해 갔다. 공학적 사고로 고착된 삶의 공간에 인문학을 받아들이는 것이 정녕 어려운 길이 되고 있었다. 학문적 경계선을 무너트려야 한다는 집념이 없었다면 인문학의 지혜를 얻지 못했을 것이다. 또는, 내가 평생 쌓아 올린 공학의 가치가 손실될 수도 있었다. 하나를 선택한다는 가정 자체가 잘못된 관점이었다.

인문학 전공자는 큰 그림 속에서 좋은 것과 나쁜 것, 도덕적이고 윤리적인 핵심을 이해하는 능력이 높았다. 실행 가능성의 관점에서는 언어의 잔치였다. 분석과 기획, 수행 방법을 계획하고 절차를 정하는 부분은 공학적 접근이 더 효율적이었다. 정량적인 경험은 기업에서나 필요했던 지식이고 삶의 철학에는 도움이 되지 않을 것이라고 생각했지만 이것이 편견이었다. 기획력과 실천력이 탁월한 공학의 사고는 발전시키고 삶의 지혜를 깨우치는 인문의 지식을 포용하니 새로운 관점이 보였다. 융합학문의 확장성을 얻었다.

지혜를 얻으니 나의 무지함을 받아들이는 데 너그러워졌다. 행복의 이해와 실행력이 획기적으로 상승하였다. 내일의 나 자신을 떠올리니 하루가 설레는 삶으로 충만한 모습이다. 긍정의 감정과 친구가 되니 지금의 나에게 말해 주고 싶은 수없이 많은 칭찬이 입가를 맴돈다. 지혜를 얻었다는 풍성함이 이유일 것이다.

두 번째

장.

괜찮아
아직 미완성이야!

안시의 친구들

★ 행복의 환상은 질병이다

프랑스에 살고 있는 친구 스티븐에게서 메일이 왔다. 안시
(Annecy)로 귀촌하여 자연과 함께 살기로 했다는 소식이다. 언덕
위에 호수가 보이는 집을 사서 작은 호텔로 개조하는 공사를 하
고 있다. 은퇴하여 세상과 소통하며 편하게 살고 싶다는 꿈을 이
룬 것이다. 안시는 프랑스인들조차도 무척이나 살고 싶어 하는
마을로 호수 둘레가 15㎞나 되고 해발 이천 미터가 넘는 산들이
사계절 장관이다. 2018년 동계 올림픽 유치 경쟁에서 평창과 마
지막까지 경합했던 스키어들의 천국이기도 하다.

당초 일정보다 몇 개월이 지났지만 우리 가족을 초청해 주었

다. 완공되면 제일 먼저 불러 주겠다는 약속을 지킨 것이다. 친구 덕분에 안시에서 2주라도 살아 볼 수 있다니 벌써 마음이 들뜬다. 설레는 마음으로 서둘러 제네바로 향했다. 몇 년 만의 만남이다. 스티븐은 나를 보더니 한달음에 달려와서 팔을 벌려 안아 주었다. 안시로 가는 차 안에서 프랑스의 긴 여름휴가에 대한 불평의 넋두리가 끝이 없다. 이야기를 듣는 것만으로도 어려웠던 시간들이 고스란히 느껴 왔다. 초청 일정을 지키지 못한 것에 대한 미안함이고 그간의 고생을 위로받고 싶은 마음일 것이다.

로비에서 환영음료를 마시면서 호수를 바라보는 것만으로도 마음이 가볍다. 창문 너머로 보이는 물결, 바람에 맞서며 하늘을 날고 있는 패러글라이딩, 호수에 떠 있는 아름다운 색채의 작은 목선들, 하나의 점들로 나를 반겼다. 질투를 느낄 만큼 아름답다. 여유를 즐기고 싶은 그 순간에 스티븐의 친구들이 몰려왔다. 호텔 공사에 참여했던 알베르, 식당을 운영하는 다비드, 대학에서 연구만 하였던 미셸 교수 등 계층에 관계없이 다양한 사람들이 함께 모이는 분위기가 좋았다. 프랑스에서는 맛있는 와인도 이렇게 싸다니! 감격스러운 시간을 같이하면서 대화를 이어 갔다.

요리사의 삶을 살아온 다비드는 하루도 쉬지 않고 30년을 일했다. 안시의 식당은 이동식이 많다. 여름에는 호수에서 식당을 하고 겨울에는 산으로 이동하여 스키장에서 영업한다. 다비드는 돈의 환상을 좇았던 희생의 삶이었다고 스스로를 기억하고 있다. 평생을 인내하며 하루의 휴식도 없이 식당일을 하다가 지금에서야 휴식으로 보상받고 있다. 1년의 반은 영업을 하고 나머지 6개월은 휴가를 다닌다. 젊었을 때 다친 마디 없는 손가락이 요리사로서의 훈장이라고 말하는 그의 표정에서 여유가 느껴졌다. 깨달음의 모습이 행복의 길이 되어 아름다웠다. 프랑스하면 떠올리는 것이 휴가 일수가 많은 나라다. 그러나 그렇지 못한 사람들도 있다는 것을 보면서 삶의 선택은 제도의 문제이기도 하지만 개인의 가치도 중요한 기준이라는 생각이 들었다.

미셸 교수는 성공이라는 단어 하나를 얻기 위해 연구자로서 열심히 살아왔다. 하지만 이름을 남길 만한 업적을 이루지 못했다. 결과에만 집착했던 자신의 강박을 돌아보며 아쉬움을 토로했다. 행복의 개념을 미리 알지 못했던 후회다. 과정까지 즐겼으면 더 행복했을 것이라고 말하는 지금의 그는 행복의 달인으로 보였다. 이들과 대화하면서 어떻게 사는 것이 행복한 삶인가라는 질문이 생겼다. 이제라도 행복의 의미를 다시 돌아보고 싶다. 행복이 무엇인가? 기대가 너무 커서 오히려 자신을 억누르고 있지나 않는지? 창문을 열어 호수를 본다. 서로의 자태를 자랑하는 배들이 여기저기를 떠다닌다. 하늘에서는 수많은 별들이 쏟아져 내릴 것만 같다. 안시에서의 마지막 밤이다. 프랑스를 떠나기 전 친구들과 나누었던 수많은 이야기들을 구슬로 꿰매야겠다는 의무감이 들었다. 어지럽게 떠다니는 사유를 정리하는 이 순간도 행복이라는 생각이 든다.

우리는 행복에 목말라하면서도 왜 가까이하지 못하는가? 행복을 이루려는 강도는 현대에 와서 더 강하게 나타나고 있는데도 말이다. 두 가지 이유로 대답이 가능하다.

첫째는 행복의 개념을 알지 못하기 때문이다.

백화점을 방문하면 수만 가지의 물건들이 진열되어 있다. 누군가의 필요에 의해 팔릴 것이다. 필요한 물건을 살 수 있는 사람도 있고 못 사는 사람도 있다. 살 수 있는 사람은 만족할 것이고 못 사는 사람은 부족함을 느낄 것이다. 부족함은 불만족이고 불행이라는 등식을 자연스럽게 받아들인다. 그러나 소비의 가능성에 관계없이 행복하기 위해서 이렇게 많은 물건들이 꼭 필요한가라는 질문을 한다면 생각이 바뀔 수 있다. 이미 가지고 있는 물건을 지혜롭게 활용하거나 판단을 바꾸는 것만으로도 소비를 멈출 수 있다. 이러한 행위는 소유 욕구를 절제하는 고통이 아니라 현재의 소유에 감사하며 일상을 소박하고 심플하게 하는 방법이다. 개인의 행복을 위해서 백화점에 있는 수많은 물건들을 모두 가지고 싶다면 이는 존재론적 욕구의 하위단계로서 자기조절능력이 부족하거나 행복관이 정립되지 못한 수준이다. 이러한 상태에서 행복과 불행을 논한다면 판단이 허구이거나 오류로 결론지어질 가능성이 있다. 돈이나 외부의 성취가 행복이라는 정체성의 상태로는 만족이 가능하지 않다. 또 다른 조건을 찾아 끝없이 방황하는 인생이 될 뿐이다.

둘째는 행복의 개념을 잘못 이해하고 있기 때문이다.

행복한 삶을 꿈꾸지만 기준이 현실적이지 못하다. 대중이 선호하는 허상에 유혹되어 자신에게 적응이 불가한 환상을 추구한다. 타인이 자랑하는 SNS 사진 속 동화 같은 세상을 꿈꾼다. 환상과 현실의 차이만큼 부정적인 삶을 살게 된다. 불행을 느끼는 사람들이다. 이러한 사람들에게 필요한 것은 모든 욕구는 현실의 토대 위에서만 이룰 수 있음을 아는 것이다.

★ 우리는 어떻게 행복을 얻는가?

 인간으로서의 개인은 무엇을 원하는가? 생존을 위한 존재론적 욕구와 자아실현의 욕구를 기대한다. 이는 인본심리학자 매슬로(Maslow)의 욕구 5단계 이론으로 실재적 설명이 가능하다. 인간의 욕구를 생존의 욕구, 안전의 욕구, 소속의 욕구, 존경의 욕구, 자아실현의 욕구로 표현하였다. 존재론적 욕구와 자아실현의 욕구가 모두 이루어질 때 스스로가 만족하는 상태가 되며 행복하다. 어떻게 이룰 수 있을까? 욕구를 정확히 판단할 수 있는 통찰력이 있어야 한다.

 존재론적 욕구는 무엇인가? 생존, 안전, 소속의 욕구로서 때로는 존경의 욕구를 포함하기도 한다. 사회의 구성원으로 기능하면서 존경을 얻는 단계다. 과도한 물질적 욕구가 아니고 생존을 보장하고 자아실현을 지원할 수 있는 수준의 욕심이다. 존재론적 욕구를 물질적 욕구와 동일시하는 사람들이 있지만 부탄이나 덴마크의 예에서 보듯이 물질만으로 이루어지는 것은 아니다. 부탄은 공동체를 우선으로 배려하는 관습이 행복이다. 덴마크는 배려의 방법을 어려서부터 훈련하여 구성원 모두가 존재론적 욕구를 자연스럽게 충족한다. 행복지수가 높은 것은 올바른 사회

두 번째 장. 괜찮아 아직 미완성이야

교육 덕분이었다.

　자아실현의 욕구는 무엇인가? 외부의 영향에 파괴될 수 없는
확고한 신념이고 정체성을 구현해야 하는 내재적 가치다. 내면
의 욕구를 찾기 전에는 만족이 불가능하다. 존재론적 욕구는 보
편적인 욕구로서 발견하기가 쉽지만 자아실현의 욕구는 본성의
내면에 숨어 있어 찾기가 어렵다. 인간의 가치를 창출하는 인문
학적 지혜가 필요한 이유다. 물질적 욕구 그 이상을 추구하지만
때로는 소속의 욕구 하위단계에서도 채워질 수 있다. 주관적 감
정이기 때문이다.

　행복은 단계만으로 의미가 있는 것은 아니다. 본질적인 질문
에 답을 찾는 과정이 더 중요하다. 행복의 의미를 알지 못한다면
어떻게 행복을 얻을 수 있겠는가? 행복이 나에게 와 있다고 하여
도 알아차릴 수 없다. 행복은 필요할 때 한 번씩 돌아보는 우는
아이 같은 존재가 아니다. 나와 함께 항상 깨어 있는 의식주 같은
존재다. 그래서 행복은 인문학 개념이 포함되어 있는 개인의 선
택이고 매 순간 느끼는 자신의 사고와 경험이다.

　휴가의 천국 프랑스에서 내가 만난 사람들도 우리의 삶과 다

르지 않음을 보면서 행복은 마음에 있다는 사실을 알았다. 명예로운 은퇴나 성취를 삶의 완성으로 받아들이지 않는 모습이었다. 현직에 있든 은퇴를 했든 현재는 미완성이고 계속해서 새로운 것을 이루어 가는 노력의 과정에 행복이 있었다. 미완성이지만 완성으로 받아들어야 하는 숙명을 아는 것만으로도 행복에 가까이 간 듯하다.

✦ 행복, 아직은 미완성이야!

행복을 찾아야 한다는 강박의 순간에 미완성의 삶이 의미로 다가왔다. 미완성의 완전함, 이탈리아의 피렌체를 여행할 때 관람하였던 미켈란젤로의 〈노예상〉이 떠올랐다. 〈노예상〉은 영웅도 아니고 완성품도 아니지만 아카데미아 미술관의 중앙전시실 입구에 위치해 있다. 다듬지 않은 돌에서 금방 나올 것 같은 노예의 생동감은 완성 그 이상의 의미다. 인생에서도 미완성의 가치는 결코 가볍지 않다. 완성의 순간은 물론, 미완성에서도 의미를 느껴야 하는 이유다.

미완성의 즐거움이 있는 또 다른 작품이 있다. 자율적 고독을

택할 때 듣고 싶은 음악, 슈베르트의 〈8번 미완성 교향곡〉이다. 31세로 요절한 슈베르트(Franz Peter Schubert)의 삶 자체가 미완성이지만 세상 사람들은 그를 미완성 음악가라고 하지 않는다. 인류에게 남긴 음악적 가치는 미완성을 넘어 완성 이상으로 칭송받고 있다. 교향곡은 4악장이 표준이다. 슈베르트 교향곡은 1악장과 2악장 그리고 3악장 일부만 작곡되어 있어 형식적인 면에선 미완성이지만 음악적으로는 부족함이 없는 완성 이상이다. 베토벤의 〈운명 교향곡〉, 차이콥스키의 〈비창 교향곡〉과 함께 세계 3대 교향곡으로 칭송되고 있다.

진정한 완성이란 무엇을 이루어 결론에 정지해 있는 것이 아니라 '열려 있음' 그 자체다. 나도, 안시의 친구들도 성공이란 조건을 정하고 달려가서 성취해야 하는 정적인 목표라고 생각했다. 불행의 문제는 삶 자체에 있는 것이 아니라, 행복을 이해할 수 없는 지혜의 부족에 있었다. 인간은 미완성일 수밖에 없는 숙명적인 존재이다. 열린 목표를 이루려는 과정 자체가 우리의 삶이다. 스티브잡스는 "내가 이룬 만큼 우리가 이루지 못한 것에 대해서도 자랑스럽다."고 하였다. 인생사에 어울리는 명언으로 회자되는 것도 이러한 이유이다.

행복의 관점에서 보면 성취를 이룬 순간도 의미 있을 것이다. 그러나 미완성, 열려 있음, 완성을 이루려는 도전의 여정이 행복을 선사하고 있다. 안시의 자연에서 느꼈던 행복도 이와 다르지 않았다. 행복은 대단한 도전이 아니라는 깨달음이다. 자연과 나를 하나로 수용하고 받아들이는 것이다. 이러한 의식이 인간 발달의 하위단계인 존재론적 차원에 머물러 있다고 하여도 그것으로 충분한 가치와 의미가 있다. 젊은 작업자에게는 일 년에 몇 개월씩 휴가를 즐기는 것이 행복이고, 다비드는 평생을 열심히 달려서 지금에야 휴식을 얻었다. 누가 더 행복한 삶을 살고 있는가는 단계의 달성 여부가 아니라 자신의 관점이나 가치의 선택이다.

나는 행복의 구체적인 개념 없이 이룰 수 없는 완성을 얻으려고 달렸을 뿐이다. 무엇을 이루려고 많은 희생을 감수했는지 의문이다. 꼭 이루어야 하는 내면적 욕구가 나의 목소리인지 타인에 의해 학습된 부정감정인지 의심하지 못했다. 나에게 행복은 무엇인가? 미완성의 과정을 살고 있는 오늘이 행복이다. 지금 이 순간에 의미와 가치가 있다면 말이다. 강박이라는 부정의 감정이라도 그렇다. 자신을 안아 주면서 "괜찮아! 아직 미완성이야! 지금 행복의 길 위에 서 있잖니!"라는 한마디만으로도 편안할 수 있다. 행복은 환상의 구름 위에 있지 않고 현재에 있다. 구름 위를 떠도는 환상은 치료가 필요한 질병일 뿐이다.

욕망하는 것들

★ 욕망이라는 나침반

자영업을 운영하고 있는 후배가 해외여행 계획을 전하러 왔다. 즐거움으로 한껏 들뜬 표정이다. 처음 가는 여행이니 얼마나 기쁘겠는가! 여행지는 미국 동부라고 했다.

첫 번째 여행국으로 미국을 선택한 이유를 물었다.

"????"

잠시 생각을 한 후에 나온 대답이다.

"사람들에게 물어보니 첫 번째 여행은 동남아나 미국으로 간다고 하여 큰 마음먹고 미국으로 정했다."

"준비를 어떻게 하고 있느냐?"

"여행사를 선택하였고 돈만 입금하면 된다."

"어디를 방문할 것인가?"

"한국말을 잘하는 가이드가 모든 것을 알아서 해 준다."

수백만 원의 돈을 쓰는 여행을 가면서 자신이나 가족이 얻을 수 있는 가치에 대한 분석이 부족하다. 동부 지역에는 볼거리가 너무나 풍성하다. 자유의 여신상이 있는 뉴욕과 백악관, 국회의 사당, 박물관 등이 있는 워싱턴 D.C를 돌아보는 일정이 될 것이다. 여러 여행지 중에서 반드시 방문하게 되는 장소가 링컨 기념관(Lincoln Memorial)이다. 링컨은 정규 학교의 도움 없이 대통령이 되었고 미국 사람들이 가장 존경하는 인물이다.

좋은 여행이 되도록 나의 경험을 조언해 주기로 했다. 자녀에게 링컨 기념관을 갈 것이라고 말하고 여행의 설렘을 같이 준비하라. 링컨 전기를 읽고 스티븐스필버그 감독의 영화 〈링컨(Lincoln, 2012)〉을 보라고 했다. 기록영화로서 좀 지루할 수 있으나 대화로 구성되어 있어 학습적인 면에서는 상당히 좋은 영화다.

링컨은 인간적인 사람으로 가장 존경받는 대통령이다. 그의 장점은 명연설에 있다. 말을 잘하기 위한 매혹적인 단어의 나열이 아니다. 결핍의 순간을 극복하였던 생생한 체험의 표현이다. 고난을 헤쳐 나오면서 스스로를 격려했던 감정을 잘 전달하여 국민들에게 공감을 얻었다. 생각의 유연성과 신념, 도전을 느낄 수 있는 영화 〈링컨〉의 대사도 소개해 주었다. 몇 문장의 글이 자녀가 살아가면서 용기와 도전을 얻을 수 있는 귀감이 되기를 기대하면서….

"나침반은 방향을 알려 주지만 늪이나 협곡은 알 수 없다. 내가 예측하지 못한 장애물이라면 돌아가야 하지 않겠는가? 이 길이 올바른 길이라고 믿는다면, 단지 인내와 용기가 필요할 뿐이다."

링컨 동상 앞에서 그의 삶과 대통령으로서의 업적에 대하여 아들과 이야기해 보라. 링컨의 지혜에 대해서 영화 속의 인물을 상상하며 영어 연설 몇 문장을 동상 앞에서 크게 말하게 하라. 여행에서 그의 성장과 삶을 체험하고 느낄 수 있도록 준비하라.

★ 돈의 욕망

욕망이란 무엇인가? 욕망에 따라 행동하지만 이것이 당신의 나침반이 될 수 있을까? 최근에는 돈이 있으면 여행을 하고 싶다는 것이 대중의 바람이다. 일 년에도 몇 번씩 해외여행을 하면서 자신의 블로그나 SNS에 사진을 올리기 바쁘다. 남들만큼 해외여행을 못하는 사실 자체를 불행으로 느낄 만큼 한국 사람들은 여행의 매력에 푹 빠져 있다. 인구 대비 여행을 가장 많이 하는 나라지만 투자비에 비하여 체험적 성과를 얻지 못하는 안타까움이 있는 것도 현실이다.

당신이 선택한 여행에서 얻을 수 있는 신념은 무엇인가?

모두가 가는 길을 의심한 적이 있는가?

여행의 횟수가 행복과 불행을 구분하는 척도인지, 돈이 없다는 것이 불행인지 진실로 질문한 적이 있는가?

후배의 가족들은 링컨 기념관 방문을 미국 여행에서 가장 감명 깊었던 순간으로 기억하고 있다. 링컨의 삶을 탐구한 만큼 지혜를 얻었다. 여행의 멋을 조언해 주고 자존감을 높이는 방법을 알게 해 준 나에게 감사하고 있다. 이들 가족에게 미국 여행의 실질적 기간은 일주일이었지만 독서, 토론, 여행 후기, 삶의 성장 등을 이야기하면서 일 년 이상을 여행하듯 즐거운 마음으로 살 수 있었다. 지혜로운 준비가 있었기에 가능했다. 링컨 기념관에서 사진만 찍는 관광이었다면 얻은 것이 무엇이었을까? 어떻게 준비하는가에 따라서 여행의 가치는 달라진다. 돈의 가치도 이와 같다.

건축을 전공하고 설계 업무를 하고 있는 직장인들과 여행에 대한 이야기를 나누었다. 해외여행을 못하는 것에 대해 스스로가 소외된 삶을 살고 있다고 생각하는 사람들이다. 이들에게 건축과 예술을 주제로 탐구하고 체험한 것을 책으로 만들겠다는 포부를 가지도록 격려했다. 여행은 왜 철저한 준비를 하기보다는 횟수와 방문한 국가의 숫자에 더 집착하는가? 돈으로 부정감정이 보상되어 자존감이 유지된다고 믿기 때문이다. 이것이 옳은 감정인가?

행복하기 위해 필요한 것을 생각하는 순간 떠오르는 것이 무엇인가? 바로 돈이다. 필요한 모든 것을 얻을 수 있다는 환상의 자원이다. 자신이 욕구하는 물건들을 소유할 수 있고 더 많은 행복을 누릴 수 있다는 전제다. 새로운 물건을 마음껏 구입하는 것이 행복이라면 잘못된 욕망의 포로다. 좋은 자동차, 명품 백, 넓은 집 등 다양한 종류의 물건들이 행복을 채우기 위해 소모된다. 문제는 이것들을 샀다고 해서 행복의 만족도가 지속되는 것은

71

아니라는 점이다. 또 다른 새로운 것을 사야 하고 돈을 더 열심히 벌어야 한다. 돈의 노예로 살아왔다는 것을 느끼는 순간 행복하기 위해 구입했던 수많은 물건들은 후회를 깨우치는 허상이 된다. 돈의 증가에 비례해서 행복이 무한 상승하는 것이 아니라, 존재론적 욕구를 얻을 수 있는 수준까지만 행복에 영향을 준다. 돈에 집착하는 한 우리는 행복할 수 없다.

"욕망은 우리를 자꾸 도달할 수 없는 곳으로 끌고 간다. 돈이 그렇다."고 하였다. 루소의 말이기도 하지만 현대 학자들의 공통된 의견이다. 자신이 희생하고 있는 건강이나 인간 관계, 가족에 관심을 두어야 하는 이유이다.

✷ 행복의 가치

돈과 무관하게 행복을 얻을 수 있는 다양한 활동들이 있다. 깨어 있는 질문만으로도 얻을 수 있다. 배려나 공감, 친밀함과 이타성 같은 소중한 가치들이다. 영화 〈악마는 프라다를 입는다〉는 모든 힘과 매력이 돈으로부터 나온다는 것을 보여 주고 있다. 그러나 주인공이 돈의 힘을 거부하면서 영화에 반전이 일어난다.

주인공 앤 해서웨이는 돈이 춤추는 화려한 패션계를 떠나 무명의 저널리스트로 사는 길을 택한다. 돈이 행복이 아니다. 자신의 가치나 믿음이 행복의 길이다.

돈의 가치를 성공의 여부로 판단하면 자신은 항상 가난하다는 감정 속에 있게 된다. 절제가 불가능한 탐욕의 감정이다. 바닷물을 계속 마시는 것과 같이 멈춤이 불가능한 상태가 되어 결국은 실패자가 된다. 탐욕의 감정을 인정해야 잘못된 믿음에서 깨어날 수 있다. 작은 돈으로 행복을 이룰 수 있는 소중한 가치들이 너무나 많다. 부탄의 행복이 이와 같다. 여행하는 동안 가이드가 했던 말이 새삼스럽다.

"조금 적게 가졌다고 무슨 일이 있나요! 나보다 적게 가진 사람들도 행복하게 살고 있어요. 필요한 것이 그리 많지 않다는 것을 깨우치는 것이 행복이에요."

새로운 물건을 사도 곧 싫증의 순간을 맞는다. 또 다른 것을 얻기 위해 돈에 집착하게 된다. 심리학자들은 이를 쾌락의 쳇바퀴에 올라탄 다람쥐로 평가하고 있다. 우리는 욕심이 적을수록 행복하다고 말한다. 알고 있지만 행동을 못하고 있을 뿐이다. 가진 것에 집중하면 적게 가졌어도 만족한 삶이다. 그러나 세상 사람들은 돈에 목숨을 건다.

아버지는 돈을 열심히 버는 것이 가족의 행복이라고 생각한다. 나 자신도 돈이 최고라는 학습된 사회의 기준으로 살아왔다. 돈을 위해 과도하게 희생했던 시간에 대한 애석함이다. "행복은 돈이 아닌 마음의 평정에 있다." 경제학의 아버지로 칭송되는 애덤 스미스(Adam Smith)가 『도덕 감정론』에서 행복과 재산의 관계성에 대해 언급한 내용이다. 마음에 와 닿는다. 사고하는 지식을 미리 가졌더라면 더 많은 행복의 시간을 누릴 수 있었을 것이다. 행복한 시간들이 흘러간 지금, 후회는 의미가 없지만 아쉬움은 크게 남는다. 돈의 기준이 무엇인지? 생각하는 것만으로도 새로운 시각을 얻을 수 있었다.

후배의 가족도 돈이 없어 해외여행을 자주 못 가는 것이 불행이었다. 지금은 자신의 수준에 맞은 여행 횟수로 만족하고 있다. 건축을 하는 그들은 아직도 해외여행을 하지 못했지만 여행을 준비하는 것만으로도 자존감을 찾았다고 했다. 친구들의 여행 이야기가 부럽지 않고, 그들보다 더 멋진 여행이 기다리고 있다는 것만으로도 지금의 삶이 의미 있다고 했다. 돈의 가치를 총량

에만 집착하였다면 얻을 수 없는 여유로움이다. 지출의 지혜가 새로운 시각을 주었다. 내가 욕망하는 것들을 모두 욕망해야 하는가? 선택의 지혜에 삶의 의미가 있을 것이다.

우월이라는 감옥

✦ 우월성과 열등감

산티아고 순례길에서 우비 하나를 버림으로써 나는 완주할 수 있었다. 다리에 이상이 있어 걷지 못했던 경험으로 비움을 얻었다. 삶에서도 감당하지 못할 욕망을 버리겠다는 다짐까지 했다. 마음속 우비를 하나씩 걸러 낼 수 있는 지혜는 행복의 길이 되어 나는 이미 가벼워지고 있다. 산티아고에 입성하기 전까지는 경쟁에서 이기기 위한 비교의 감정으로 서열과 성과가 인생의 전부였다. 희생은 당연하였고 배려의 감정은 없었다. 소수의 우등자 대열에 합류하기 위해 다수의 경쟁자와 계속 맞서야 했다. 행복이 비켜 간 삶을 살았던 이유다.

욕구하는 것을 지금 당장 이루고 싶은 조급함이 인간의 본성이다. 본능을 부추기는 청춘이나 행복, 힐링을 주제로 하는 책들이 넘쳐난다. 외형적으로는 욕망을 이해하고 힘든 자신을 격려하는 책으로 보이지만, 실재적으로는 사람들의 우월성을 부추겨서 불안이나 불만의 감성을 자극하는 내용이다. 부정의 감정을 잠재우기 위해 성찰할 시간도 없이 떠나고 싶은 충동에 부화뇌동하게 된다. 어디론가 떠나야 한다는 강박성이다.

누군가는 스위스 마테호른(Matterhorn) 전망대에서 만년설을 즐기면서 찍은 사진을 SNS에 올린다. 최대한 연출하여 보여 주는 모습일 뿐이다. SNS는 이미 소식을 공유하는 공간이 아니다. 허영과 가공의 장소로 변질되어 있지만 우리는 이것을 대박 인생이라고 동조하고 있다. 우월하고 무엇인가 특별해야 행복할 것이라는 부정의 허상에 얽매이는 과정이다. 현실 세계와는 멀어져 있는 가상의 공간에 집착하는 사람들의 특징이다.

나의 행복 기준도 이와 다르지 않았기에 작은 성취는 이루었지만 행복의 의미를 깨닫지 못했다. 관점을 바꾸니 새로운 방향이 보였다. 성찰과 지혜의 수레바퀴로 나만의 새로운 가치를 찾았고 결과에 만족한다.

행복하지 못했던 삶은 부정되어야 하는가? 강박적인 도전을 멈추면서 나를 돌아보았다. 타인의 삶이 나보다 더 나아 보여도 그것은 나의 삶이 아니다. 선택할 수 있었던 가장 현명한 자리가 현재의 자신이다. 선택했다면 만족해야 하지 않는가? 누구도 모든 것에 최고일 수는 없다. 내가 일등이 되는 방법은 현재의 삶이 최선이라고 스스로가 인정하는 것이다.

정신의학자이며 심리학자인 아들러(Alfred W. Adler)는 "인간은 누구나 열등감을 본능적으로 가지고 있다."고 하였다. 나약한 존재로 태어나서 완전성을 실현해야 하는 것이 인간의 숙명이다. 이것을 깨닫지 못하고 우월하려는 노력에 삶을 내던진다. 수많은 도전의 마지막에 절대적인 우월은 없다는 것을 깨닫는다. 삶의 의미를 깨우치는 순간이다.

비교 관점에서도 글로벌 상위 10%가 부의 87%를 소유하고 있다. 이렇듯 부자가 되기는 쉽지 않다. 자신을 객관화시키는 감정이 필요하다. 한 걸음 물러서서 부자의 반대편에 서 있는 사람들도 돌아보아야 하는 이유다. 당신의 자산이 3,650달러면 상위 50%, 7만 7천 달러면 상위 10%이다. 500만 명의 어린이들이 5살이 되기 전에 기근으로 목숨을 잃고 있다. 생수 한 잔을 마음껏 마실 수 있는 자신을 자랑스러워하라. 2달러 커피 한 잔을 마실 수 있다면 감사하라. 하루에 1.5달러 이하로 살아가는 사람이 14억 명이 넘는다. 온갖 축복을 누리는 자신을 발견할 것이며 현재가 행복해야 할 이유는 끝없이 많다. 상대와의 비교에서 감사나 분노의 결정은 스스로의 선택이다. 상위비교로 열등감을 느낀다면 아래를 보며 감사하는 마음도 열어라. 노력으로 얻을 수 있는 현실을 받아들이는 것이 삶의 만족이고 자아실현이다.

동메달을 딴 선수가 은메달 딴 선수보다 약 50% 정도 높은 행복감을 느낀다고 한다. 2등은 1등과의 비교 감정으로 행복하지 못했다. 3등은 4등을 보면서 스스로를 위로하게 되어 오히려 행복 만족도가 높았다. 1등을 해야 하는 강박적 생각이 행복이 아니라, 현재를 받아들이고 최선을 다했다는 마음이 행복이다. 빅토리아 메드벡(Victoria Medvec)과 토마스 길로비치(Thomas Gilovich) 연구팀의 상향비교와 행복의 연관성 연구에서 나타난 결과다. 상향비교 속에 있는 한 자신의 삶으로 살지 못했던 시간들을 후회하게 마련이다. 진정한 자신으로 사는 방법은 상향비교를 멈추는 것이다.

★ 인정욕구와 성취감

우월성에 집착하는 사람들은 성공을 인정받을 수 있는 거짓의 행동에 집착한다. 허상의 욕구는 파괴적이거나 회피적으로 변형되어 가출자 또는 비도덕적인 사람이 된다. 안소니 밍겔라(Anthony Minghella) 감독의 영화, 〈리플리(The Talented Mr. Ripley)〉의 주인공이 되는 것이다. 이기는 것이 최고의 목표이고 우월하려는 노력이 열정이 된다. 자신의 장점이나 즐거운 것을 찾기보다는 이기는 방법에만 몰두한다. 목표 자체가 우월하게 보이는 타인 만족이고 자신이 추구하는 가치는 없다. 비교하는 습성으로 상처받고 우울한 삶이 일상이 된다.

어릴 때 부모에게 칭찬받기 위해 얼마나 노력했는가? 학교에서는 교사로부터, 직장에서는 상사에게서 인정받는 것이 최고의 가치였다. 심지어는 성인이 된 어른들도 아내는 남편에게 남편은 아내에게 자신의 행동과 노력을 인정받을 때 행복하다. 그러나 인정욕구만으로 인고의 시간을 감당하면서 성취의 순간까지 도전하는 것이 쉽지 않다. 여기에 인정욕구의 한계가 있다.

인정욕구로 행동하는 사람들은 세상의 부추김에 부화뇌동해서 중도에 포기하는 경우가 많다. '내가 가는 인생은 이 길이 아니야!' 하고 물이 끓기 바로 전 99도에서 뛰쳐나간다. 안타까운 일이다. 자신의 선택이 아니었기에 사랑하고 집중하면서 한계를 넘는 노력을 이어 가지 못한다. 욕구가 타인의 인정이라는 방향성을 가질 때 삶의 의미는 부족하다. 스스로가 이루려는 자아실현의 에너지가 아니기 때문이다. 향상성을 동반하는 성취욕구가 행동의 에너지가 되어야 하는 이유다.

불굴의 의지로 우뚝 일어선 유명인들은 도처에 많지만 감격적이지 않은 사람이 없다. 올림픽에 출전한 승리자들의 이야기나 노벨상을 수상한 사람들의 성공 비결은 성취감을 얻으려는 집념이다. 우월성은 비교라는 조건의 감정이지만 성취는 자아의 만족이다. 비교에는 한계가 없고 끝없는 도전을 요구한다. 우월성이 불행의 감정이 되는 이유다. 이를 탈피하는 방법은 성취감정을 활성화시키는 것이다. 향상성을 이루려는 성취의 감정은 스스로 만족할 수 있는 자신의 감정이기 때문이다.

네팔의 포카라에서 바라보는 안나푸르나 봉우리는 경이로운 모습을 느끼기에 충분하다. 햇볕이 흰 눈에 비치는 모습은 눈이 부실 정도로 아름답다. 단숨에 달려가서 경험하고 싶은 장관의 모습을 느끼려는 순간, 갑자기 눈보라에 휩싸이면서 봉우리는 어둠 속으로 숨어 버린다. 숨을 몰아쉬며 차디찬 바위를 힘겹게 올라가는 도전자들을 떠올려 보았다. 죽음을 담보로 저렇게 험한 곳에 도전하려는 이유는 무엇인가? 타인을 의식해서 우월하려는 욕구가 아니다. 성취감을 느끼려는 기대 외에는 설명의 길이 없다. 죽음의 순간에 이르는 실패를 경험하지만 또다시 도전을 준비하는 등산가들의 소식을 들으면 존경을 넘어 경이롭다. 이것이 성취라는 향상성에 대한 도전이다.

목회자와 심리학자로 많은 저술서를 남긴 로버트슐러(Robert Harold Schuller)는 한계에 도전하는 것을 이렇게 표현했다. "나는 절벽 아래로 떨어졌다. 절벽으로 떨어질 때까지 내가 날 수 있다는 사실을 몰랐다." 목숨을 담보로 하는 순간에 가서야 능력을 알았다. 물도 99도까지는 끓지 않는다. 극한점까지 가서야 끓는다. 힘들어도 조금만 더 인내하면 바로 100도일 수 있다. 더 나은 자신을 깨닫는 순간이다. 성취의 감정이고 향상성의 행복감이다.

회사 생활은 누구에게나 쉽지 않다. 팀장이 되고 임원이 되려면 치열한 경쟁을 해야 한다. 100명 중 1명만 리더가 되고 임원이 되는 게 현실이다. 그 과정엔 반드시 고통이 따른다. 상사와의 갈등, 업무 성과에 대한 부담감, 진로에 대한 고민이다. 고민이 커질수록, 자신의 꿈에 더 가까이 가고 있다고 위로해야 한다. 견딜 수 있는 힘이 필요할 뿐이다. 우월성이 아닌 자신의 존재욕구가 목표일 때 가능하다. 자아실현이라는 황홀함이고 성취감의 매력이다. 소소한 성취의 감정을 경험하는 일상의 일들이 행복이 되는 이유다. 성취의 감정은 스스로가 인정하는 한계의 감정으로 외부의 평가에 휘둘리지 않아도 된다. 나의 행복, 우월성이라는 외부의 목표보다는 성취라는 향상성의 감정에 집중하면 얻을 수 있다.

내일의 또 다른 이름

★ 진수와 함께한 행복

천사원을 들어서니 진수는 벌써 현관에 나와 앉아 있다. 차에서 내리기도 전에 달려와 안긴다. 진수도 아들도 얼굴에 웃음이 가득하다. 기억되는 행복의 순간이다. 몇 년 동안 아들과 나는 이곳을 방문하여 봉사하였다.

진수는 우리 가족을 잘 따르던 다운증후군 중증 아동이다. 6살 이라고는 하지만 신체적 발달과 정신적 지능이 3살 정도다. 봉사를 가면 진수는 무조건 신발과 옷을 감춘다. 애착불안의 표현이고 같이 있어 달라는 희망이다. 진수에 대한 사랑이 커지면서 가정 체험을 신청하여 집에 같이 있곤 했다. 돌봄에 어려움이 있지만 깔깔거리는 웃음소리가 즐거움이었다. 인형극을 따라 하는 재롱은 우리에게 주는 행복의 선물이었다. 행복인지 몰랐던 시절의 경험이다.

아들의 학년이 올라가서 대학 입시 준비를 해야 되는 시간이 되니 마음이 급해졌다. 주말의 하루를 봉사로 보내니 마음이 편하지 못했다. 나는 아들에게 대학 입학 때까지 봉사 활동을 중지하자고 하였다. 봉사를 끝내면서 내가 아들에게 했던 이야기다.

"지금이 인생에서 가장 중요한 시기다. 대학에 입학하는 것이 우선이다. 공부에 전념하고 봉사는 대학 입학 후에 다시 하도록 하자."

나는 이러한 바람이 당연히 지속될 수 있다고 믿었지만 한번 멈춘 봉사는 다시 재개되지 못했다. 아들과의 대화는 줄어들었고 마음의 거리는 멀어졌다. 돌아보면 애정에 목말라하는 아동들과 함께했던 시간은 우리 가족이 존재하는 이유이기도 했던 값진 경험이었다. 지금 생각해도 학교 이야기, 미래 이야기, 봉사 이야기를 하면서 같이했던 순간들이 꿈같이 행복하다. 봉사의 포기는 아들이 좋은 대학에 입학하면 또 다른 행복이 자연적으로 얻어지는 것으로 알았던 어리석음이었다. 지금이 행복인데 대학이라는 조건을 행복으로 착각하고 살았던 시절이다.

★ 조건은 행복의 그날이 아니었다

사람들은 학벌, 돈, 명예 등의 욕구가 충족되어야 행복할 것이라고 믿는다. 현재의 행복을 조건에 위임하는 어리석은 선택이다. 상위대학을 목표로 고등학교 3년을 인내하고 대학 4년간 취업 준비로 현재를 담보한다. 취업 후에는 돈을 벌고 승진하려고 가정의 행복을 양보한다. 조건이 만드는 욕심은 지속적이기 때문에 행복의 감정에 도달할 수 없다. 조절이 불가하고 끝이 없다. 우리는 왜 조건에 집착하는가? 좀 더 구체화해 보자.

조건을 위해서 현재를 양보해야 하는가?
양보해야 한다면 그 의미는 무엇인가?
달성하고자 하는 조건은 모두 성취 가능한가?

질문을 하는 순간 미래와 현재의 가치를 비교하게 된다. 두 개

중에 하나를 선택하라면 답이 없다. 두려움과 불안의 감정만 다가온다. 생각을 더 확장할 필요가 있다. 미래는 오늘의 또 다른 이름이다. 미래의 가치를 위해 노력하면서 동시에 현재도 행복해야 하는 이유다.

미래에 달성하는 조건이 행복이라면 그 조건에 대한 행복의 의미는 현재인 지금부터 느껴야 한다. 조건을 성취하는 순간이 행복이 아니라, 즐거움과 어려움을 같이하는 일상이 행복이다. 오늘의 일상에서 행복을 발견하지 못한다면 내일도 행복하지 못하다. 미래의 성공을 위하여 현재를 인내하고 양보하는 것이 당연한지? 미래의 가치를 위해 현재를 희생하고 있는 삶은 아닌지? 질문해야 한다.

과거는 지나갔다. 미래는 아직 오지 않았다. 행복은 현재의 단어다. 결론은 오늘을 행복하게 살아야 인생 전체가 행복이 된다는 것이다. 성취의 순간이 행복이라는 조건을 만들지 마라! 행복의 본질을 잊은 채 조건에 집착하였던 사람의 깨달음이다. 조건은 집착이라는 중독이다. 중독에서 벗어나는 길은 오늘에 의미를 부여하는 것이다.

★ 가치의 기준

애플의 스티브 잡스(Steve Jobs)는 잘 알지만 초기 공동창업자인 스티브 위즈니악(Stephen Wozniak)과 로널드 웨인(Ronald Wayne)을 아는 사람은 많지 않다. 웨인은 창업멤버로 10%의 지분을 받고 애플 로고와 컴퓨터 사용설명서를 디자인하는 초기 업무에 참여했다. 열흘이 지나면서 이들과 계속할 수 없다는 것을 깨닫는다. 밤낮없이 일하는 열정에 대한 회의, 부채에 대한 두려움, 어두운 미래 등 모두가 흥미 없는 것들이다. 그는 미련 없이 자신의 지분 10%를 800불에 팔았다. 2018년도의 주식 가치로는 90조가 넘는 금액이다.

애플을 끝까지 지켰던 사람이 스티브 잡스다. 제품에서 고객의 감성까지 완벽하게 책임져야 한다는 강박의 고통도 있었지만 도전을 즐겼던 사람이다. 잡스의 열정에 세계인은 찬양했고 그는 성과로 보답했다. 그러나 잡스는 강박증으로 무너져 내리는 자신을 알지 못했고 단명했다. 현재의 애플 경영진은 잡스가 감정 CEO였다고 회상하고 있다. 그의 철저함에 감사하는 마음이다. 지켜 주지 못한 미안함의 표현이기도 하다.

웨인은 지금 네바다주에서 연금을 받아 생활하고 있다. 애플 창업 40주년이 되었을 때 기자가 찾아가서 인터뷰를 했다. 주식을 판 것에 대한 감회를 묻자, 그는 "절대 후회하지 않는다. 나는 그들의 열정을 따라갈 수 없었다. 그들의 도전은 나에게 무모한 실험이었다. 내가 만약 그들과 계속 일했다면 나는 벌써 무덤에 가 있을 것이다. 살아 있는 지금이 행복하다."고 말했다. 사람마다 자신이 추구하는 일의 동기, 가치, 열정이 다르다는 것을 보여주는 사례다. 행복을 얻는 방법은 스스로가 느끼는 감정에 따라 다르다. 주관적 감정지능이 중요한 이유다.

웨인은 예술에 흥미가 있어 디자인학교를 졸업했다. 그의 가치는 자신의 예술성을 실현하는 데 있었다. 예술적 성향은 자유로움을 지향한다. 체계적이고 규칙에 집착하는 것을 거부했다. 웨인이 스티브 잡스를 떠날 수밖에 없었던 이유였다. 반면, 스티브 잡스의 가치는 희생을 담보하더라도 도전하여 성취를 이루는 것이 열정이었다. 연금으로 만족하는 웨인과 불같이 살다 간 스티브 잡스를 단순 비교하는 것은 불가하다. 개인이 추구했던 "내일의 또 다른 이름인 오늘"이라는 정의와 철학의 의미가 다를 뿐이다.

부정감정 데리고 살기

★ 감정의 선택

포카라 지역의 기상이 나빠서 카트만두 공항에서 3시간째 계속 대기다. 지루함을 넘어 피곤함으로 지쳐 갈 때 출발 방송이 나왔다. 비행기가 이륙할 수 있다고 한다. 비행기에 오르니 나와 아내 둘뿐이다. 몇 분도 비행하지 않은 시간에 창문으로 우박이 부딪치는 소리가 요란하다. 아래를 보니 시커먼 바위만 보이는 히말라야 협곡이다. 비행기는 가파른 암벽 옆을 곡예 하듯 날고 있다. 무서움과 공포로 몸이 떨린다. 부다 에어라는 비행기의 이름으로 위안을 삼으면서 빨리 도착하기만을 기원했다. 포카라에 내려서 호텔로 가는 내내 비는 줄기차게 내렸다. 다음 날의 트레킹 출발이 우려된다. 에이전트에 문의하니 다행스럽게도 내일은

오늘도 하루가 설렌다

날씨가 좋다고 한다.

　잠자리에서 몇 번을 뒤척이다 보니 벌써 새벽이다. 로비에 나
오니 어제 공항에서 호텔로 데려다주었던 자동차가 대기하고 있
다. 앞을 보지 못할 정도의 짙은 안개 속을 나섰다. 30년이 넘은
일본제 승용차는 금방이라도 시동이 꺼질 것 같은 굉음을 내면
서도 산비탈을 잘 올라간다. 산장까지 정시에 도착시켜 주었다.
트레킹을 시작하는 장소에는 벌써 여러 국가에서 온 사람들이
모여 있다. 표정들이 비장하다.

　출발 준비를 마치고 여유를 찾을 즈음, 산장 입구에서 수공업
방직기로 면을 짜고 있는 어린 소녀에게 특별히 관심이 갔다. 직
기 작업을 하는 모습에서 힘든 삶을 느끼기에 충분하다. 근처에
펼쳐져 있는 아주 좁은 계단식 다랭이 밭을 보면서 그들의 척박
한 생활에 이타성이 올라왔다. 돌아오는 길에 면제품도 사고 어
린 소녀에게 작은 선물도 주었다. 그런데 카트만두에 와서 나는
속았다는 사실을 알았다. 여행자들을 유혹하기 위한 상술이었
다. 기계제품을 수공업으로 짜는 것 같이 연출했었다. 내가 이용
당했다는 사실에 분노가 일었다.

돌아보면 그래도 잘한 일이다. 지금은 안나푸르나에 트레킹 인구가 많아서 돈을 잘 벌 수 있겠지만 2000년도 초에는 방문하는 사람도 많지 않았다. 자연 그대로의 작은 동네였다. 나는 소녀에게 속아서 물건을 샀고 선물도 주었다. 어린 소녀는 세상에 고마움을 느끼고 잘 살아가려는 용기를 가졌을 것이다. 상업적으로 이용당했지만 우리의 선행은 누군가에게 도움이 되었을 것이다. 나의 따뜻한 가슴으로 소녀를 미소 짓게 했다면 이것도 의미 있는 선행이다.

배려의 마음으로 소녀를 도왔지만 그들은 순수하지 않았다. 당연히 소녀에 대한 실망, 잘못된 상황 인식, 가식적인 사회 등 모든 것이 부정적이고 불만이어야 했다. 이러한 감정에도 나는 이타성 자체를 떠올리며 즐겁게 생각했다. 부정의 사건을 어떻게 긍정의 행동으로 받아들였는가? 엘버트 앨리스(Albert Ellise)는 "선택되는 행동은 사건의 문제나 상황에 따른 것이 아니고 그것을 해석하는 신념이나 인지에 의해 정해진다."고 하였다. 사건과 결과 사이에서 인지하는 감정이 부정이면 부정적으로 받아들이고 긍정이면 결과가 긍정적이다. 그러나 사람들은 본능적으로 부정의 사고를 더 많이 한다. 불가능한 일이라도 기대대로 되지 않으면 자신과 타인을 비난한다. 인지나 신념은 주관적이고 일반화되어 있는 편향적인 사고이기 때문이다. 특히 부정감정이 그렇다.

아지트 바르키(Ajit Varki)가 집필한 『부정본능(Denial)』에서 이유를 잘 설명하고 있다. 인간의 부정성향은 죽음을 부정하는 본능적 행위로서 강한 심리적 두려움이다. 불안이라는 상상력은 날개를 달아 온 세상을 누비고 다닌다. 머릿속에는 부정인식이 가득하다. 자괴감이 고통이 되고 절망을 부르면서 불행한 인간이 되는 것이다. 더 나아가 현재를 만족하지 못하면서도 부족함을 무엇으로 채워야 하는지 또한 알지 못하는 것이 인간의 한계다.

그렇다면 어떻게 현재를 긍정의 순간으로 만들 수 있을까? 나는 두 가지를 선택적으로 적용하고 있다. 긍정질문법을 활용하였다. 명상으로 부정감정을 안아 주고 위로하였다.

★ 부정감정을 안아 주다

박 부장은 후배지만 능력이 월등한 직원이다. 효율적인 아이디어를 많이 가진 능력자였다. 박 부장에게 칭찬이 쏟아질 때마다 질투를 느꼈던 그 순간의 독백이다. 부정의 감정으로 접근했던 질문이다.

왜 나는 항상 박 부장에게 지기만 하는 것일까?
무능력자는 아닐까?
나는 실패자인가?

질투는 해결이 불가능한 부정감정으로 경로사고(Pathway Thinking)가 자기 비판적이다. 자신을 손상시키는 방향으로 진행되어 주의 집중이 어렵다. 부정의 방향으로 더 깊이 몰입되어 해결 가능한 선택은 멀어진다.

내가 박 부장을 질투의 대상으로만 보았다면 직장에서 인정받지 못했을 가능성이 크다. 박 부장을 긍정의 사고로도 분석하였다. 이것이 내가 리더로 성공할 수 있었던 요인이었다. 긍정의 감정으로 접근하였던 때를 돌아보았다.

박 부장이 성공을 이룰 수 있었던 원천은 무엇일까?
박 부장의 장점은 무엇인가?
내가 활용할 수 있는 자원을 찾아보자!

긍정의 리더로서 힘이 느껴지지 않는가? 같은 주제라도 질문에 따라 변화를 기대할 수 있다. 긍정의 힘은 만족이나 행복, 즐거움과 같은 정서로서 기쁜 감정을 형성하는 데 유용하다. 그러나 이것이 쉽지 않다. 긍정의 질문은 감사하는 마음으로부터 생기는데 본능적으로 이를 유지하기가 힘들다.

부정의 늪에서 헤어나기 위해 내가 선택할 수 있는 대안은 무엇인가?

사건의 관점을 긍정의 방향으로 의식화하는 훈련이다. 긍정감정이 내가 아니듯이 부정감정도 나 자신이 아니다. 엘버트 앨리스의 해석대로 감정은 나의 신념에 따라 해석되는 결과물이다. 부정과 긍정으로 이분화하여 피해야 할 것과 지켜야 할 것으로 단순 구분하지 않는다. 이 둘의 역할을 이해하고 감정이 주는 메시지에 초점을 맞춘다. 활용하는 방향성을 찾는다. 부정감정에 빠지는 이유는 감정의 흙탕물을 스스로가 휘젓기 때문이다. 눈을 감고 긴 호흡을 하는 것만으로도 감정은 조용해진다. 내면에 있는 감정과 나를 분리하여 관조할 수 있다. 불필요한 부정의 사고를 최소화하는 방법이다. 그러나 부정감정 자체를 거부해서는 안 된다.

부정의 힘은 생존, 비판적 사고, 내면적 욕구, 결핍의 에너지와 같은 현실의 참모습을 보게 한다. 상황을 해결하는 신체 반응이 즉시적이다. 단점만 있는 것이 아니고 인간에게 꼭 필요한 유용성을 포함하고 있다. 부정감정이 올라왔을 때 "나에게 메시지를 전하려고 하는구나." 하고 편하게 안아 주면서 의도하는 핵심을 찾으면 된다. 부정감정이 주는 메시지에 귀를 열어야 하는 이유다.

　"너의 메시지를 잘 알고 있어! 괜찮아!"라고 보듬어 주는 것만으로도 편안할 수 있다. 나에게 필요한 현실의 메시지이기 때문에 에너지로 받아들이고 적극 활용하면 된다. 감정과 친한 친구가 되자! 자신을 의식화하여 내가 욕망하는 삶을 살 수 있는 길이다.

세 번째

장.

인도에서 얻은
질문들

나도 위로받고 싶다

무명도

이생진

저 섬에서 한 달만 살자 / 한 달만 살자
저 섬에서 / 한 달만 / 뜬 눈으로 살자

저 섬에서 / 한 달만
그리운 것이 / 없어질 때까지 / 뜬 눈으로 살자

✎ 행복을 욕망하다

비교적 긴 여행이었다면 어땠을까. 지금 머무는 이곳이 말이다. 일이 아니었다면 참으로 좋았을 것이다. 혹자는 '시간이 멈춘 나라'라고 표현했다. 또 다른 이는 자연이 빚어낸 인도의 비경을 격찬하며 '가슴 시리도록 아름답다'고 말한다. 눈이 부시도록 아름다운 스리나가르의 호수, 히말라야 설산 등 수긍이 가는 점이 없지 않지만 나는 그 풍광을 논하거나 감성에 호소할 여유 따위 없다.

내가 치열하게 살아가는 이곳은 절경이 펼쳐지는 호수도 설산도 아닌 그저 이해관계가 뒤엉킨 프로젝트 현장이다. 문화 차이는 내가 감당할 수 있는 수준을 넘어 충격적인 사건들의 연속이다. 약속을 지키지 않아도 관대한 나라가 인도다. 사유나 변명에 너그러운 문화는 체계적이고 규칙적인 업무 진행을 어렵게 한다. 목표에 집착하는 나의 긴장감과는 대조적이다. 이러한 문화에 적응하기 위해서 인내와 도전만이 어려움을 극복하고 성과를 이룰 수 있다고 자위하지만 쉽지가 않다.

고된 일과를 마치고 집으로 돌아와서 누우면 일상의 상념들이 머릿속을 어슬렁거린다. 공기(工期)를 앞당기기 위한 대책…. 나는 나대로 각 부서의 팀장들은 그들 나름대로 걱정과 불만, 애로 사항이 있다. "나는 무엇을 해야 하는가?" 진짜 이유를 살피기보다 그럴싸하게 가공된 사유를 만들려 하진 않았을까? 현지의 문화적 요인을 들어 변명하고 있지는 않은지? 뒤척이다 보면 새벽이다.

본사에서는 공기(工期)를 맞춰야 한다는 근엄하고도 일방적인 지시와 지침이 수없이 하달된다. 아침에 출근해 PC를 켜고 이메일 열기가 두렵다. 모든 이유와 핑계는 혼자만의 속삭임이다. 항상 그래 왔듯이 어떤 논리도 불필요하며 오늘도 실패 없이 해내야 한다.

어느새 나는 '불가능은 없다', '안 되면 되게 하라', '도전하라'는 그럴싸한 구호 뒤에 숨어 성과제일주의의 첨병이 되어 있었다. 후배들의 노력과 시간을 갉아먹을 궁리로 바쁘기만 한 것은 아닌지? 노력만을 강요하는 지시체계밖에 없을까? 의문을 가지면서도 반복하고 있다. 성과를 이루는 유일한 방법으로 믿고 있기 때문이다. 지쳐 있는 직원들의 모습이 그려진다. 그들을 독려하고 강요하는 나의 모습도 있다. 포기하고 싶어 하는 얼굴들이다. 이러한 환경에서도 많은 직원들은 인내하며 진실로 노력하고 있다. 성과라는 단어를 얻기 위해서다.

어려움을 이기고 성취를 이루려는 동기는 무엇일까?

긍정성은 어떻게 얻어지는가?

정량적인 공학의 지식이 정성적인 인문학의 능력이 될 수 없다. 지혜의 필요성을 느낀다. 갈등과 상처 없이 성과를 이룰 수 있는 직무환경을 만들어야겠다. 배려와 행복의 관리 방법이 있을 것이다. 그 변화의 중심에 내가 서고 싶다. 실재적 질문의 답을 찾고 싶다는 욕구가 꿈틀거렸다. 목표 지향적이고 공학적인 상식으로 해답을 찾을 수 없는 질문이다. 나를 깨트려서 지혜를 찾아야 한다는 간절함이 솟구친다.

명상을 만나다

아리스토텔레스는 "사람들이 행복을 얻지 못하는 이유는 고통을 회피하고 쾌락을 추구하기 때문이다."고 했다. 행복을 얻으려면 고통의 삶에 대한 분별력이 있어야 한다. 이러한 능력이 '메타인지'다. 메타인지는 명상에 대한 명상을 하는 것이고 사람에 대한 사람을 생각하는 것이다. 잘못된 형태를 알 수 있고 편향적인 사고를 벗어난다. 내가 행복을 얻기 위해 집중하고 있는 것은 무엇인가? 쾌락인가? 가치인가? 고통의 회피인가? 집중하는 방향으로 자기소통을 하였다. 성장과 적응, 활용, 재성장의 사이클을 만들어 감정지능을 지속적으로 성장시키려는 욕구였다.

어떻게 이룰 것인가? 사회의 일원, 조직의 장(長)으로서가 아닌 완벽하게 철저히 격리되고 독립된 나의 자아에게 묻고 있다. '과연 나는 잘해 왔는가, 잘해 왔다면 무엇을 그리했는가, 그 목적과 이유는 무엇이었는가? 나는 앞으로 무엇을 어떻게 해나가야 하는가?' 스스로에게 묻고 또 물었다. 이러한 물음에서 계획, 성과, 조직관리 등의 단어들이 강박적으로 떠오르는 이유는 무엇일까? 이들과 처절히 맞서야 내면의 나를 만날 수 있을 것이다. 내 것이 아닌 것을 내 것인 양 이고 살았던 나를 깨트려야 한다는 몸부림이다.

한번은 직원들과 함께 봉사 활동을 나간 적이 있다. 잠시나마 회사 일은 잊고 아이들에게 도시락을 나눠 주는 일이다. 자연히 공적인 나를 접어 두고 아이들을 진심으로 긍휼이 여기는 나를 발견하였다. 그 시작이 보편적인 사랑을 역설하거나 자진해서 이곳을 찾은 순수한 마음은 아니었지만 얼음장 같은 마음을 녹이기에는 충분했다. 그들과 공감을 느끼는 것만으로도 기분이유쾌해졌다. 인간은 이타적 행동을 즐기는 이기적 동물이다. 팀원들도 한껏 웃어 보이며 아이들을 맞이한다. 그 미소에서 진심이 느껴졌다.

내면적 갈등으로 방황하던 시기에 인도의 정통 요가와 명상을 배울 수 있었던 것은 나에게 행운이었다. 명상은 스스로에게 집중할 수 있어 세상의 근본을 바라볼 수 있는 힘이 되었다. 지금 경험하는 명상과 봉사, 인문독서가 나를 더 값지게 해 주는 삶의 디딤돌이 될 것임을 나중에 알게 된다.

잠시 눈을 감고 마음을 활짝 열어 질문해 보았다. 지금의 내 모습은 누구인가? 떠오르는 감정을 스캔하여 기억할 수 있을 만큼 상세히 묘사하였다. 나는 어떤 사람이고 무엇을 하고 있는가? 이 순간에 머물면서 나를 보듬어 본다. 집단지성이 과연 존재하는가에 대해 강한 의문이 든다. 그것 자체가 이상이며 현실에서는 존재하지 않는 판타지일 수도 있다. 만약 그것이 존재한다 할지라도 그 효용성에 대해 언급하지 않을 수 없다. 집단지성을 가지고 아무리 좋은 결론을 도출했다 할지라도 그것이 채택될 가능성은 현실적으로 그리 높지 않다.

대부분의 중요 지침과 의사결정은 위에서 아래로 흐르기 마련이다. 그 흐름을 거스르기는 어려우니 물을 막아 방향이 틀어지지만 않게끔 물길 양쪽에 둑을 쌓는 일, 그게 리더로서 내가 할 수 있는 최선인 것 같아 내 자신이 측은하다. 허나 뾰족한 수가 없는 한 내일도 이 자리에서 버텨 나가야만 한다. 그렇게 또 하루를 버티고 투쟁한다. 같은 길을 가고 있는 여기 직원들의 사기 진작을 고민하면서 마음 한편에 리더인 나도 누군가로부터 다독거림을 받고 싶다는 생각이 들었다.

루소의 『고백』

🖋 강박을 고백하다

프로젝트를 담당하는 순간부터 수많은 업무를 반복적으로 확인하는 성향이 발동된다. 이는 꼼꼼하다, 책임감이 강하다는 평가를 받지만 개인적으로는 완벽해야 한다는 강박증이었고 불면증의 원인이었다. 깨어 있는 시간에 눈을 감고 수만 개의 프로젝트를 짓는 공상을 하지만 눈을 뜨는 순간, 기억에서 거짓말처럼 말끔히 지워진다. 불면이라는 고통으로 깨어 있는 시간에 할 수 있는 것이 독서였다.

내가 선택한 인문책 읽기는 성공과 행복이 동일하지 않다는 것을 깨닫게 해 주었다. 강박이 스스로를 자각하는 기회가 되다니 놀랍다. 강한 부정의 고통은 오히려 긍정일 수도 있다는 아이러니를 느끼면서 독서에 몰입하였다.

처음에는 흥미 있는 소설이나 가벼운 자기계발서를 탐독하였다. 독서가 습관화되어 갈 즈음 루소의 『고백』을 읽었다. 『고백』은 인문고전 작품 중에서 내용이 쉽고 흥미롭게 평가되는 책이다. 고전 인문 공부를 플라톤이나 아리스토텔레스의 저서로 시작했으면 아마도 포기했을 것이다. 루소의 『고백』으로 시작하였기에 인문고전에 더 흥미를 가질 수 있었고 이것은 행운이었다. 인문학의 가치와 힘을 깨우치면서 '폭풍 흡입'이라고 표현할 수 있을 정도로 독서에 몰입하는 계기가 되었다. 나의 생각을 이렇게 바꾸어 놓다니 기적 같은 일이다. 책에서 얻은 지식과 성찰은 불안과 걱정으로 힘들어하는 자신을 돌아보게 했고 스스로를 위로하는 마음이 생겼다.

책은 친구를 만나 토론하고 위로받는 일처럼 시간과 장소를 정할 필요가 없다. 나의 시간, 장소에 맞추면 그만이다. 책은 내가 원할 때 손만 가져가면 고민상담소가 되어 주었고 친구가 되어 주었다. 마음이 힘들거나 난관에 부딪쳤을 때 책에 기대는 이유였다.

루소는 태어날 때 어머니를 잃어 어려운 어린 시절을 보내지만 독서와 여행으로 철학적 사고를 확립하여 사상가의 반열에 오른 인물이다. 그는 사회 불평등으로부터 얻은 좌절감으로 절망할 수도 있었지만 "불행을 불행으로 느끼지 않는다."고 선언하고 있다. 그에게 불행은 오히려 철학적 사상을 완성하는 에너지였다. 부정의 성향도 삶의 에너지가 될 수 있다고 역설한 루소의 철학에 나는 한껏 매료되었다. 인간은 본래 외롭고 힘든 존재라는 것을 인정하는 순간, 나는 마음이 편해지기 시작했다.

루소는 어머니가 남긴 연애 소설로 독서를 시작했다. 이때는 모든 생각이 이성을 그리는 마음으로 가득했다고 고백하고 있다. 외할아버지에게서 받은『플루타크의 영웅전』을 읽고 인생이 바뀌었고 이 책을 평생의 스승으로 삼았다. 그의 문학적 정체성이 만들어지는 데 책이 지대한 영향을 끼친 것이다. 루소는 사환, 서기, 견습공, 필사, 음악가 등의 다양한 직업에 종사하면서 평등하지 않은 세상을 경험하였다. 슬픈 현실을 딛고 성장하려는 집착에 강박적 성향을 드러내고 있다. 스스로를 알기에 고독하게 방랑하는 삶을 원했는지도 모른다. 루소가 표현한 자화상은 현재를 갈등하는 내 삶과 닮아 있어 한발 물러서서 나를 보는 듯 애석함이 느껴졌다. 세상이 부추기는 영웅이 되려고 몸부림치다가 모든 인생을 허비하지 말라는 충고로 들린다.

　루소의『고백』을 읽으면서 나도 무언가 고백하고 싶은 마음이 생겼다. 그것도 아주 진솔하게 이야기하고 싶어진다. 루소는 "자신의 내밀한 욕망을 얻고자 비열한 짓과 악을 행할 수 있다. 동시에 스스로에게 주인이 되는 본성에 접근할 수 있고 자신의 삶을 창조하는 주체도 된다."고 하였다. 인간은 악행과 본성 사이에서 고민하며 성장한다는 교훈이다.

　또 그의 유작이 된『고독한 산보자의 꿈』에서 루소는 인간사 모든 것들을 초연한 입장에 서서 내가 탐구해야 할 것은 나의 자아라 말하고 있다. 그를 따라가다 보면 내가 그토록 찾고자 했던 나의 진실을 만날 수 있을 것만 같았다. 호수가 바다처럼 부풀어 오르고 배를 띄울 수 없는 어느 폭군 같은 새벽에 소소한 장비로 주변을 채집하거나 경치가 가장 좋은 언덕에 올라 마음껏 사색하고 싶을 때쯤 나는 나의 자아와 조우한다. 불편한 삶의 에너지인 강박을 내려놓는다.

　그 어떤 상심이나 걱정도 없이 앞으로 나아갈 것이며 심해까지 한달음에 닿을 것이다. 내 존재는 한없이 가볍지만 환상에 그

치거나 순간에만 머무르지는 않으리라. 모든 것을 초월할 수 있는 나를 발견하는 그날, 내가 살아온 날을 반추하리라. 하지만 나의 이 사색과 다짐도 그리 오래가지 못했다. 인생은 언제나 그렇다. 어떠한 것을 다짐했을 땐 어김없이 꿈에서 깨어나 현실을 바라보도록 만든다.

인문학의 힘

비행기가 고도를 낮추면서 휴스턴 시가지가 보인다. 숨쉬기조차 힘들어지는 긴장의 시작이다. 여러 번 방문하는 곳이지만 느끼는 부담은 매번 똑같다. 프레젠테이션을 어떻게 하느냐에 따라 회사에 대한 평가가 달라진다. 검증을 제대로 대처하지 못하게 되면 대형 프로젝트의 수주 기회가 통째로 날아갈 수도 있다. 아주 보람된 일이기도 하지만 그 중압감은 이루 말할 수 없을 만큼 크다.

이번 방문은 기술제안서 검토회의에 참석하는 일정이다. 프로젝트를 수주하기 위해 수백 장의 제안서를 작성·제출하였으며 그 내용에는 설계·구매·시공·시운전 등 여러 분야가 망라되어 있다. 그중에서도 안전 관련 사항은 발주회사에서 가장 중요하게 생각하는 분야다. 더구나, 이번 발주처는 안전에 대한 관심이 집요하기로 소문난 회사다. 며칠에 걸쳐 회의가 진행될 정도로 첨예하고 진지하다. 석유화학 분야에서 평생을 살아온 전문 인력 집단이 쏟아내는 폭넓은 질문들은 식은땀이 날 정도로 날카롭다. 아무리 준비하고 대비하여도 예상하지 못한 질문에 당황하기 일쑤다.

최대한 여유롭고 당당한 자세를 유지하려고 노력했다. '나는 당신들이 전혀 두렵지 않다'고 무언의 메시지를 보낸다. 프로젝트 수행에서 안전은 최우선으로 담보되어야 하는 가치이며 우리는 이를 성취할 수 있다는 믿음을 주는 것이다. 프레젠테이션은 회사의 역량과 전략, 의사전달의 집약체이다. 주어진 짧은 시간 내에 모든 것을 보여 주어야 한다. 정량·정성적인 부분뿐만 아니라 청자의 감성에까지 닿을 수 있다면 100점에 가깝다. 프로젝트 수행에서 인적 재해(災害) 및 안전은 매우 엄격하다. 사회적 책임에 관한 문제인데 기업의 활동은 인류를 이롭게 하는 일이어야 하며 사람, 환경 등에 부정적인 영향을 미쳐서는 안 된다는 인식이다.

나 역시 이러한 인식에 전적으로 동의하지만 안전 문제에 대해 지나치게 '우리는 자신이 있다고, 절대 인재(人災)는 일어날 수 없다'고 말하는 것 자체가 모순 같았다. 구구절절 보여 주고 설득하는 방법보다는 회사의 관리 시스템과 안전에 대한 철학을 역설하였다.

"이곳에 오면서 나는 이 프로젝트가 왜 필요한가라는 질문을 스스로에게 해 보았다. 싱가포르에 공장을 신설하는 계획은 사람들에게 유용한 제품을 생산하는 것이 목적이다. 나에게 필요한 제품을 얻기 위해서 타인의 소중한 생명을 희생시킨다면 누가 동의하겠는가? 당신은 동의하는가? …

나는 이러한 상황에 절대 동의하지 않는다. 프로젝트의 목적을 항상 가슴에 담고 안전을 최고의 수준으로 유지하면서 관리하겠다. 이것이 프로젝트의 본질이고 안전에 대한 나의 철학이다."

의외로 반응은 좋았다. 회의에 참석한 사람들과 저녁을 먹으며 긍정적인 분위기를 이어 갔다. 정량적인 수리의 논리보다 언어의 설득력이 더 힘을 발휘했던 경험이다. 잠 못 이루었던 밤에 읽었던 수많은 인문독서에 감사하다는 생각을 했다. 나와 함께

휴스턴 회의에 참석했던 표 부장은 10년이 지난 지금도 인문철학을 담은 프레젠테이션을 기억하며 감동을 표하고 있다.

강박의 시간에 인문독서를 했던 기나긴 하루하루는 산을 넘는 시간이었다. 산을 오르기 전, 산을 오를 때 두 발을 쉼 없이 움직이는 순간은 산 정상의 모습을 알 수가 없어 불안하기만 했다. 그래도 오르고 또 올라야 했다. 산을 오를수록 그 준비는 철저해지며 장비 또한 하나둘 늘어났다. 짊어져야 할 것들이 많아져 어깨를 짓눌렀다. 산을 오르는 횟수가 많아질수록 두려움도 커진다. 처음 오를 땐 멋모르고 뛰어올랐지만 곳곳에 숨어 있는 암초와 위험을 발견한 적이 있었고, 오르다 미끄러져 나락으로 떨어졌던 기억, 오르고 올라도 정상에 도달하지 못한 기억, 정상에 도달하였지만 내가 바란 정상이 아니었던 경험 등이 뒤섞여 불안이 된다. 앞으로도 몇 개의 산이 남아 있는지 얼마나 높고 험한지 알 수도 확인할 길도 없다. 그러나 나는 산을 정복하여 성취를 얻는다. 한 권의 인문서가 주는 희열이 이와 같았다.

산업화 시대를 사는 우리들은 일개미처럼 일하는 것을 보람으로 여기며 하루하루를 살아 내도록 철저하게 학습되었는지도 모르겠다. 열심히 공부하고 취직해서 소처럼 일해야 했다. 그 길이 과연 맞는 길인지 판단하거나 검증할 권리조차 국가나 회사에게 양도되었으며 모든 생각의 끝은 그들의 사상과 합치되어야 한다는 기형적인 세상이었다. 내 생각에 근거하여 무엇이 옳고 그르며, 나는 무엇을 추구하는지, 앞으로 가야 할 길이 무엇인지 고민해야 했으나 그럴 기회를 가지지 못했다.

　하지만 시간이 갈수록 뚜렷해지는 자아에 대한 물음은 나를 괴롭혔다. 넘실거리는 바다를 넘으면 유토피아가 있을 것 같았다. 나는 그곳을 동경하고 있었다. 마음이 끌리는 대로 간다면 뜬 눈으로라도 반갑고 기쁠 것이다. 하지만 현실은 물푸레처럼 내 발목을 휘감아 놓아주지 않았고, 그렇게 나는 발목을 붙들린 채 오늘을 지낸다. 지금이라도 제대로 살아 내는 방법을 알아내고 싶었고 내가 구하고자 했던 것에 대한 허망함을 어디서 채울 수 있을지에 대한 답을 찾고 싶다. 수년 동안 나를 괴롭혔던 불면증을 어떻게 치료할지보다 그 불면증이 생기게 된 근원지를 찾아 나서야만 했다. 그만큼이나 절박하고 외로운 여행의 시작이다.

이성이라는 죄

이성의 존재감

나를 억눌러 왔던 단어가 생각난다. 목표, 성취, 완벽, 도전 등 강요의 의미를 포함하는 것들이다. 이것을 이루는 것이 성공이고 행복의 조건이었다. 올바른 길인가? 이제는 강요나 희생을 멈추고 싶다. 그 이상의 가치를 이루고 싶은 내면의 목소리다.

나는 왜 진실된 삶을 선택하지 못했는가? 감정을 억제하며 살았기 때문이다. 나에게 이성은 군주였고 이것에 집중하는 것이 세상을 바르게 사는 것이었다. 이길 수 없는 존재였기에 머리를 조아리며 이성의 신하로 만족했다. 이성의 지배는 내가 욕구하는 것이 무엇인가라는 질문을 막았다. 스스로가 선택한 무의

식의 강요였다. 슬픈 감정으로 얼굴을 찌푸리면 싫어한다. 분노
는 참아야 하고 불안이나 두려움은 없애야 하는 감정이었다. 이
와 같이 주변의 평가에 자유로울 수 없는 나는 이성만이 나의 길
이라고 자위하면서 살아왔다. 인간은 욕망하는 존재이고 감정은
욕망하는 것이 무엇인지 알려 준다.

철저히 차단된 감정의 벽을 마주하고 어떻게 나를 알 수 있었
겠는가?

감정이 떠오르는 순간 나는 어떻게 대응하였는가?

다양한 감정들이 나에게 주었던 메시지를 거부하거나 타인에
게 나의 감정을 폭발함으로써 깨달음을 회피했다. 감정의 노예
로 살 수밖에 없었다. 감정이 주는 메시지를 알지 못하니 나라는
실존의 존재가 없었다. 고통의 찬바람 속에서도 생존이 이유라
는 당위성으로 스스로를 위로했다.

나로 살고 싶다는 욕구가 꿈틀대는 지금에서야 나의 감정을
받아들인다. 감정의 문을 여니 자신의 힘을 마구 휘두르던 이성
은 감정의 분노 앞에 처참히 무너졌다. 감정의 힘을 얕잡아 본 죗

값이다. 이제야 나로 사는 길에 들어서는 것 같다. 삶의 나침반을 찾으려는 새로운 도전이다. 간절한 욕망이 무엇인지 스스로에게 질문하고 있다.

나의 감정을 어떻게 헤집어 낼 수 있을까?
마음속에 꾹꾹 눌려 있는 감정과 마주하고 싶다.

감정의 힘

그동안 쌓여 있었던 수많은 감정의 이야기를 도스토예프스키에서 반추할 수 있을 것 같다. 니체와 프로이드는 도스토예프스키를 작가나 예술가라는 호칭보다는 심리학자의 직관을 지닌 사상가로 인정했다. 그의 책들을 읽는 순간 이 말이 사실이라고 느꼈다. 감정을 그려 내는 심리 묘사는 나에게 삶의 나침반이 되기에 충분한 교훈을 주었다.

그를 찾아가는 여정은 쉽지 않았다. 동쪽 끝 블라디보스토크에서 열차와 비행기를 번갈아 타면서 여러 도시를 거쳐 마지막 기착지 상트페테르부르크에 도착하였다. 에르미타시 미술관, 이

삭성당, 여름궁전 등 볼거리가 다양한 도시다. 나는 이곳에서 큰 거인이 말하는 삶의 의미를 들어 보고 싶었다.

그가 마지막에 살던 집, 네프스키대로의 뒤편에 있는 기념박물관에 들렀다. 지하계단을 내려가서 다시 좁은 계단으로 올라서니 서재가 보였고 그 위에 있는 시계는 8시 38분에 멈추어 있다. 그가 숨을 거두었던 소파를 보니 치열했던 가난의 갈증에 애처로움이 묻어나는 듯했다. 책상에 가지런히 모아져 있는 원고를 보면서 나도 뭔가 쓰고 싶어졌다. 도스토에프스키의 친필 사인이 있는 볼펜을 기념으로 몇 자루 샀다.

기념관을 나와 센나이 광장으로 달려가고 싶었지만 메트로 블라지미르스카야역 옆에 있는 동상에 먼저 들렀다. 누군가가 놓아둔 장미꽃 송이를 보면서 미소보다는 고달픔이 다가왔다. 그의 삶이 나에게는 고달픈 고통의 기억으로 각인되어 있기 때문이다. 반복적으로 나타나는 가난, 분노와 절망, 수용과 저항으로 얼룩진 작품의 내용들이 떠올랐다.

도스토에프스키, 16살 때 어머니가 폐병으로 작고하고 2년 후 아버지는 농민에게 피살되어 사망한다. 이것이 상처가 되어 평생 간질병을 앓았다. 사회의 바닥에 내동댕이쳐진 그를 기다리는 것은 지독한 가난이었다. 다행스럽게도 젊은 나이에 집필한 『가난한 사람들』이 인정을 받으면서 문단에 화려하게 등단한다. 이것이 우월감으로 작용하여 방탕한 생활도 하였지만 새로운 꿈을 이루고자 혁명의 대열에 참가한다.

초기에는 인도주의자였지만 자신의 노력으로 가난을 벗어날수 없다는 것을 인정하면서 사회주의 개혁가로 변신한다. 반체제 활동을 하다가 체포되어 사형을 선고받았지만 몇 년간의 수감 생활 후 석방된다. 이러한 고난이 그에게는 경험으로 축적되어 글로써 사회를 변화시킬 재능이 있다는 사실을 알게 된다. 고통의 감정은 인간을 깊이 있게 바라볼 수 있는 능력이 되었고 사람들의 감성을 사로잡았다.

도스토예프스키는 가난한 사람들을 이렇게 정의하고 있다.

나를 파멸시키는 것은 돈이 아니라 삶의 불안, 쑥덕거림의 두려움, 냉소, 비난이라고 고백한다.

가난을 힘들게 하는 것은 돈이 없는 것이 아니라 누군가가 자신을 손가락질하고 있다는 타인의 의식, 상대적 박탈감이다. 자신이 느끼는 감정이고 이것이 불행이다. 스스로가 느끼는 비참함과 고립의 감정이다. 그래서 그는 가난을 특권으로 그리지 않았다. 인간은 존재의 의미로 평등하다고 말하고 있는 것이다. 베푼다는 것은 자신이 홀로 서 있다는 자신감이다. 가난한 자도 베풂으로써 가난을 잊게 된다는 그의 철학이 신선했다.

도스토예프스키는 정의라는 이름으로 모든 것을 정당화하는 것은 자만이라고 하였다. 자신이 이루지 못한 가난의 굴레를 주인공을 통하여 사회에 울부짖고 있는 것은 아닌지? 자만에 대한 벌을『죄와 벌』의 6부 내용 중 5부에 할애했다. 살인이라는 범죄, 범행을 숨기려는 거짓, 위선이라는 심리가 저지른 범죄는 죄의식을 거부하지만 벌을 체험하는 연속적인 고통으로 스스로가 무너진다. 노파를 향했던 분노가 자괴감과 후회의 감정으로 변한다. 지옥 같은 고통에서 벗어나고자 자수를 한 것이다. 불안과 두려움의 고통을 견디지 못하고 순결한 소녀 소냐를 스스로 찾아가서 살인했다는 사실을 털어놓는다.

소냐의 설득에 자수를 하는 것 같지만 이것이 이유는 아니다. 심리적인 묘사를 들여다보면 주인공 라스콜리니코프는 살인의 주체적인 정당성을 얻기 위해 무던히 노력하지만 실패한다. 분노로 살인을 해야 하는 철학의 근거를 끝내 찾지 못한다. 이것이 자신의 죄를 인정할 수밖에 없는 상황으로 전개되면서 합당한 죗값을 받아야 된다고 생각한다. 소설은 살인의 당위성을 정의에서 찾지 못하고 벌을 주어야 하는 이유를 찾기 위해 주인공의 심리적 고통과 갈등을 그리고 있다. 감정의 힘은 행동하는 에너지였기에 감정이 무너지면 자신이 무너지는 것이다. 도스토예프스키의 작품 내용들이 감정에 매달렸던 이유였을 것이다.

센나야 광장, 코쿠시킨 다리, 노파의 집, 소냐의 집, 라스콜리니코프의 집을 둘러보면서 내가 읽었던 책 속으로 들어가 감정의 의미를 생각했다. 분노와 두려움은 무엇인가? 나를 방어하기 위한 철옹성이었다. 인정받지 못하고 사랑받지 못할까 봐 불안한 나 자신이었다. 능력이 없거나 가진 것이 없다고 스스로가 느끼는 감정이었다. 부정감정의 힘은 나를 지킬 수 있는 에너지였지만, 분노나 두려움을 그대로 받아들이기에는 너무나 힘든 삶이었다.

그렇다면 나는 어떻게 부정감정을 변화 수용하고 이해할 수 있었나?

즐거움도 잠시 머물고 사라지듯이 부정감정도 생성과 망각을 순환하는 자연스러운 현상으로 받아들였다. 인문독서의 힘이 있었고 심리학 지식이 있었기에 가능했다. 두려움, 분노, 슬픔, 기쁨, 불안, 수치심도 내가 경험할 수 있는 정상적인 감정이었다. 회피는 바른 선택이 아니었고 진심을 알기 위해서는 다가가서 소통해야 했다. 부정감정으로 살았던 시간이 많았다고 해서 비관적이지 않다. 성향일 수도 있고 성취의 수단이었을 수도 있다. 두려움이나 분노, 불안이라는 감정이 전하는 신호에 집중하지 못했던 그것이 아쉬울 뿐이다.

꼭 해야 했던 질문들

🖋 감정을 다스리는 힘

우리는 왜 분노하는가? 더 높은 삶을 바라지만 성취하기가 쉽지 않다. 죽을힘을 다해 노력해도 취업하기 힘들다. 취직 후에는 직장에서 무시당하는 일이 다반사다. 노력의 대가를 인정받지 못하고 있다는 자괴감이다. 우리 모두는 『죄와 벌』의 청년 라스콜리니코프가 되어 파괴욕구로 분노한다. 자신의 존재감조차 무너지는 패배의 감정이자 복수의 감정이다.

"상담을 오신 동기가 있나요?"
"인문학을 전공하였는데 IT로 진로를 바꾸려 합니다. 이 길이 맞는지, 어떻게 찾아야 하는지 불안합니다. 마음이 우울하고 외로움을 느낍니다."

　이번 내담자는 대학을 졸업하고 취업 준비를 하고 있는 취준
생이다.

"그동안 어떻게 준비하셨나요?"
"책도 읽고 인터넷에 정보도 찾아보고…."
"좀 더 구체적으로 설명해 주실 수 있나요?"
"…."

　자신감이 없는 표정이고 얼굴에는 저항이 가득한 모습이다.
상담을 시작하였지만 마음의 문은 닫혀 있다. 가계도에서 이유
를 찾을 수 있다. 어릴 때 부모님이 이혼하였고 외롭게 자랐다.
경제적으로도 어려운 환경이다. 마음의 상태를 구체적으로 분석
하기 위해 다면적 인성검사(MMPI)를 하였다. 반사회성 지수가
높고 중독 성향이 강하다. 대중에게 해를 끼친 사람에 대한 미움
으로 유사한 대상에게도 분노하고 있는 모습이다.

　나는 왜 이렇게 살아야 하는가? 이런 생각만이 머릿속에 가득
할 것이다. 사회에 대한 저항으로 외부와 관계하는 것을 기피한

다. 인터넷 정보를 찾지만 중독 성향이 강하니 진로 탐색보다는 재미를 느끼는 사이트에 더 오래 머무르고 있었을 것이다. 일 년 동안 준비하였지만 무엇을 했는지 설명할 수 없다. 이 내담자와 대화로만 상담을 끌어가기에는 어려움이 있을 것 같았다. 책 읽기를 좋아한다는 문구가 눈에 들어왔다. 장점을 활용하는 방법을 선택하였다. 스티브 잡스, 구글의 김현유 상무, 코닝의 이행희 대표에 대한 자서전 읽기를 권하였다. 인문학을 전공하여 IT나 기술직으로 성공한 사람들의 이야기다. 주인공의 이야기를 보면서 자신의 진로에 대한 생각을 정리하도록 하였다.

책을 읽은 후 만난 첫 회기다. 분위기가 무척이나 다르다. 새로운 용기와 신선함이 느껴진다. 설명하는 모습에서 자신감이 넘친다. 독서와 글쓰기의 힘이다. 자기소통의 효과였다. 느낀 이야기를 정리하여 설명하고 있다. 들으면서 마음속으로 여러 번 박수를 쳐 주었다.

"스티브 잡스는 친부모와의 나쁜 감정, 정체성의 혼란, 계속되는 실패로 어려운 성장기를 보냈다. '선'의 철학에 평생 매달렸던 이유였을 것이다. 불우한 환경이지만 의지로 이를 극복하여 세상에 가치를 선물한 사람이다. 김현유 상무는 역사학을 공부하였지만 자신의 목표인 IT 전문가가 되기 위해 구체적인 목표를 세우고 인턴부터 시작하여 마침내 꿈을 이루었다. 미래의 계획을 준비하고 달성하는 에너지를 무섭게 느꼈다. 이행희 대표는 여자라는 꼬리표와 비전공자라는 이미지를 넘어서 전문가가 되었고 대표이사의 자리에까지 올랐다. 묵묵하게 밀어붙이는 정공법과 끊임없는 노력이 성공 요인이었다. 적성은 찾는 것이 아니고 맞추는 것일 수도 있다. 자서전을 읽으면서 나는 몽상가로 살고 있다는 생각을 했다. 직업의 선택 기준은 돈을 많이 버는 것, 즐기는 것, 적성에 맞는 것들 중 무엇이 옳을지 많은 생각을 했지만 실천을 계획하거나 시도한 적이 없다. 나의 부족한 부분이 여실히 드러났다. 성공한 사람들은 생각만 하고 있지 않았다. 지금까지와는 다른 길이라도 뛰어드는 것을 두려워하지 않고 한발을 들여 놓는 것이다. 하고 싶은 일이 무엇인지 완성된 답을 찾을 수 없다는 것을 알았다. 언제까지 찾고만 있을 것인가? 방안에서 했던 고민은 이제 충분하다. 정체성을 찾았던 사람들은 계획하고 행동했던 사람들이다. 처음 시작하는 길이 잘못되면 다른 길로 도전하는 사람들이다. 이것이 꿈을 이루는 방법이다."

 독서를 활용한 상담기법으로 이 내담자는 확실한 목표를 얻었다. 자신의 꿈을 이룰 수 있다는 확신이다. 그러나 현실은 목표를 얻었으면서도 성취를 이루지 못하는 사람들이 의외로 많다. 이 내담자도 여기서 생각을 멈춘다면 성공을 확신할 수 없다. 행동할 수 있는 목표가 추상적이기 때문이다. 인문학 전공으로 IT 업종에 취직하고 싶다. 이것은 목표다. 어떻게 할 것인가라는 질문만으로도 부족함이 드러난다. 행동할 수 있는 실천 방법이 없기 때문이다. 실천 목표는 출근하는 날짜가 되어야 한다. 목표를 지키기 위해서 IT 학원 선정 및 입학 준비, 학업 계획, 비용 및 조달 방법, 취업 가능 회사 목록 작성 및 시험 정보 조사 등과 같은 세부 실천 항목의 일정을 정한다. 진도율에 대해서도 확인 가능한 점검 방법이 있어야 한다.

여기서 중요한 지침이 있다. 모든 준비 항목과 세부 일정은 집에서 인터넷 서핑 하여 짜깁기한 일정표가 되어서는 안 된다는 것이다. 이 내담자에게 인문학을 전공하여 IT 업체에 취업 성공한 선배를 면담하여 조언을 듣게 했다. 깨우친 정보를 몸으로 소화하여 자신의 언어로 표현하는 일정표가 되어야 현실성이 있기 때문이다.

구체적인 일정표를 정하고 실천 의지가 충만하도록 이미지 훈련을 하였다. IT 전문가가 되어 자신이 개발한 프로그램을 발표하는 멋진 장면을 떠올려 보도록 격려하고 연습시켰다. 실천 의지를 시각적·감각적으로 의식화하였다. 성공 가능성을 높이는 실천 방법이다.

🖋 질문으로 대화하라

이 내담자도 타인의 감정으로 살았을 것이다. 욕망이라는 것을 떠올리는 순간, 정체성, 가치, 자존감, 성격 등 다양한 요인들이 힘을 자랑한다. 사회에서 학습된 신념이 내재화된 감정들이다. 자신의 욕망을 의식화할 수 있는 소통의 방법을 몰랐기 때문이다. 선택의 지혜가 없었기에 혼돈스러운 고통만이 있었을 뿐 자신과 마주하는 소통의 시간을 가지지 못했다. 분노의 이유를 타인에게서 찾으려 했기 때문이다. 자신과 소통할 수 있는 방법을 상담받았을 뿐이지만 스스로에게 질문했고 답을 찾았다. 이와 같이 자기소통을 통해 나의 욕망을 진실로 욕망할 수 있다. 질문의 힘이다. 흔들림 없는 나의 길을 걸을 수 있는 스스로의 선택이다.

질투의 상황이거나 스트레스를 받으면 관계를 멀리하고 감정

속에 자신을 가둔다. 또는 감정을 직설적으로 폭발시킨다. 올바른 방향이 아니지만 나는 이렇게 살아왔다. 심리학 지혜가 나를 바꾸어 주고 있다. 목표를 이루는 방법은 질문으로 대화하는 것이다. 핵심 감정에 닿을 수 있도록 자기소통을 하였다. 반복 질문을 통하여 겹겹이 싸인 허상을 벗기는 것이다. 스스로 의식화하는 과정이다. 내가 질투의 감정을 느꼈을 때 핵심 감정을 찾기 위해 집중했던 질문들이다.

"내가 질투하는 이유는 무엇인가?"

동료는 내가 가지지 못한 능력을 갖고 있다.

"능력 때문에 질투하는 것인가?"

상사의 비교평가가 두렵기 때문이다. 질투가 아니라 두려움의 감정이다.

"왜 두려워하는가?"

회사에서 인정받지 못하고 퇴출당할 수 있기 때문이다.

내가 느꼈던 핵심 감정은 질투의 감정이 아니었다. 회사에서 퇴출당할까 봐 걱정하는 불안이었다. 질투는 대상을 향한 미움의 감정이다. 사랑을 얻어야 해소되는 정신적인 문제다. 두려움은 공포를 회피하는 감정이고 불안은 자신의 내면과 마주하는 감정이다. 나의 핵심 감정은 회사에서 인정받을 수 있는 능력을 성장시키라는 욕구의 목소리였다. 자기소통 없이 처음에 떠오르는 질투에만 집착했다면 동료와는 관계가 나빠지고 상사로부터 인정받지 못했을 것이다. 자기소통으로 내가 욕망하는 핵심 감정을 알 수 있었기에 두려움과 불안이라는 감정을 발견했고 능력을 성장시켜야 하는 목표를 얻었다. 매일 5분의 자기소통 연습으로 나의 감정을 알 수 있었다. 실천의지를 구체화할 수 있는 이정표가 되었다.

자기소통을 감정에 국한하지 않고 나의 삶 전체로 확장하여 보았다. 큰 깨달음을 얻었다. 회사에 적응하기 위한 것이 삶의 목표였다는 나의 한계를 발견했다. 행복을 꿈꾸지만 목표 없이 살고 있었다. 삶의 가치를 찾기 위한 여정을 시작하라는 욕망이 나를 격려한다. 나에게 자기실현의 꿈은 무엇인지? 나 자신을 설득하는 긴 여정이다. 자기소통에 답이 있을 것이다.

삶의 나침반

자만이라는 벌

인간 중심 심리학자인 매슬로와 칼 로저스(Maslow & Carl Rogers)는 "개인이 주장하는 자기실현(Self-actualization)이 성공이다."고 했다. 뜻을 세워서 스스로가 기대하는 욕망을 이루는 것이다. 나의 욕망을 그려 보았다. 행복이 목표 자체가 될 수 없다는 깨달음이다. 삶의 의미를 찾는 여정에서 행복은 함께 얻어질 뿐이다.

소크라테스는 "질문하고 설득하지 않는 삶은 가치가 없다."고 하였다. 내가 주인이 되는 삶이란 절대적인 지식으로 고정되어 있는 것이 아니고 질문으로 계속 찾으라는 것이다. 나는 행복하게 살기를 바랐지만 이를 찾으려는 노력이 없었다는 자각이다.

오로지 한 가지 생각으로 묻고 또 물어야 답을 찾을 수 있다. 올바른 욕망을 찾으려는 인문학의 지식 욕구는 나 자신을 설득하는 긴 여정일 것이다. 또 다른 가치라는 확신이 들었다.

세상을 안다는 착각은 회사의 리더로서 성공에 도취되었을 뿐이다. 기술직으로 살았던 나의 지혜는 단지 공학적이고 기능적인 성취였다. 행복하고 싶다는 간절함이 있었지만 구체적이지도 못하였고 노력도 부족했다. 행복의 지혜가 없었기 때문이다. 어떻게 사는 것이 행복인가? 질문에 답을 할 수 없는 이유였다. 도스토예프스키가 내린 자만의 벌을 이고 살았을 뿐이다. 이제는 달라져야 한다는 욕구가 움트고 있다.

나를 사랑하는 큰 걸음

도스토예프스키가 말하는 것은 무엇인가? 모든 지식과 창의성은 자신의 경험에서 나온다는 철학이다. 『죄와 벌』은 가난과 사회의 정의를, 그의 처녀작인 『가난한 사람들』은 가난의 삶을, 그리고 『백치』는 사형수의 심정을 그려 낸 작품이다. 『카라마조프의 형제』는 욕망, 명예, 이성, 인본주의, 악이라는 작가의 철학을

세 번째 장. 인문에서 읽은 질문들

사실대로 그리고 있다. 도스토예프스키의 작품은 모두가 그의 체험에서 얻어진 소재들이다. 독자들이 공감하면서 감명을 받는 이유일 것이다. 얼마나 다양한 경험을 했느냐가 자신의 정체성을 바로 세우는 데 중요한 사실이라는 것을 대작가는 말하고 있다. 그는 삶의 의미에 대해 이렇게 말한다.

"논리에 앞서 자신을 사랑해야 삶의 의미도 이해할 수 있다. 이 세상 무엇보다도 삶의 의미를 사랑하는 것이 행복의 길이고 나로 살 수 있는 방법이다."

나는 이제야 삶의 의미를 찾아 나서고 있다. 나를 사랑하는 순수한 자신으로 살고 싶다는 욕구다. 사회에서 말하는 성공한 자화상에 더 이상 집착하지 않을 것이다. 나의 이름 앞에 붙는 타이틀 때문에 인생의 소중한 가치들을 희생시키지 말아야 한다. 호칭은 필요에 의해 일정 기간 동안 잠시 쓰이고, 곧 사라지는 것들이다. 가치관이나 인성, 신분 혹은 나를 평가하는 가치의 기준이 결코 아니다. 직업만 들어도 혹은 직함만 들어도 성공한 사람의 냄새가 폴폴 풍기는 그런 명칭들이 있다. 나도 이러한 자리에서 만족하고 자만했다. 물론 열정과 노력으로 얻게 된 자리이지만 이것이 곧 행복은 아니었다. 그 자리에 있지 못하다고 해서 인생이 비루하거나 초라한 것은 아니다. 버젓한 명함 한 장 없는 소박한 인생이라도, 또는 한 장의 명함으로 간단하게 설명하기 어려운 모호한 일을 한다고 해도 마찬가지다.

사직을 생각하는 순간 조직의 울타리에 적응하기 위해 노력했던 순간들이 더 많은 감정으로 올라왔다. 나의 삶에 의문을 가지지 않은 채 성과에만 집착했던 자신의 모습이 떠올랐다. 조직에서 지향하는 목표는 나 자신의 가치로 포장했을 것이다. 사회나 회사에서 기대하는 아바타였다. 지나간 나의 삶이 영화처럼 나타났다. 천연색 화면으로 보이기도 하지만, 때로는 선명하지 않은 흐린 화면으로 투영되고 있다. 나의 꿈을 꾸려고 생각하지 못하고 울타리 안의 삶에 순응했던 허약한 모습이다. 때로는 나의 꿈을 펼쳐 보려고 울타리에 저항할 때도 있었지만 욕망의 소리는 가족이라는 이름 앞에서 처참히 무너졌다. 회사 생활이 나의 흥미나 적성이 아니었고 가장의 책임이 우선이었다.

최근 '욜로(YOLO)'라는 언어가 화두다. 한 번뿐인 인생, 행복하게 살자는 것이다. 나는 하고 싶은 대로 살자는 욜로를 받아들일 수 없었다. 울타리 안에 더 머물러 있는 것이 가장 행복한 시간이며 이것이 나의 욜로라고 가면을 씌웠다. 울타리 안에서 더 인내하라는 스스로의 채찍이었고 율로는 조급함의 다른 언어일 뿐이라고 거부했다. 그러나 내가 또 다른 30년을 살아야 한다면 어떻게 살 것인가? 놀랄 만한 깨달음이다. 지금과는 달라져야 한다. 절실하게 물어야 답을 찾을 수 있다. 나의 꿈이 가슴속에서 조금씩 미동한다.

나 자신에게 칭찬해 줄 수 있는 선택은 무엇일까?
울타리 안의 삶인가? 아니면 울타리 밖의 삶인가?
가치 있는 삶이란 무엇인가?

새로운 가치를 찾고자 하는 욕구와 이루려는 조급함이 밀려온다. 그러나 회사가 인정하는 한 사직을 결정하는 것은 누구에게나 쉬운 일이 아니다. 이 자리에 오르기 위해 포기했던 나와 가족의 삶에 대한 보상과 노력의 대가가 마무리된다고 생각하니 만감이 교차한다. 회사와 함께했던 나의 모습도 유리창에 투영된다.

나는 어떤 삶을 살고 싶은가? 유리창으로 둘러싸인 나의 사무실에 앉아 울타리 생활의 마지막을 정리하면서 스스로에게 던지는 질문이다. 지식의 갈증을 해소하기 위해 심리학에 도전하고 싶다는 꿈을 그렸다. 심리학 지식이 풍성해지면 내 삶을 결정할 수 있는 지혜의 나침반을 가질 것이라는 생각이 들었다. 떠밀려 나갔던 인도에서 명상과 인문학을 만나지 않았다면 이룰 수 없었을 꿈을 꾸고 있다. 도스토예프스키가 그랬듯이, 나의 철학은 지독한 고통의 경험에서 얻어졌기에 힘이 있을 것이다. 심리학자의 꿈, 흔들림 없는 결심에 벌써 가슴이 설렌다.

네 번째

장.

나도 설레고
세상도 설렌다

감정을 보듬다

● 암묵기억을 정화하다

　나는 트레킹을 즐거한다. 며칠씩 깊은 자연 속을 거니는 것만
으로도 생각과 감정이 가벼워진다. 독일의 문학비평가 발터 벤
야민(Walter Benjamin)도 걷기는 소요(逍遙)라고 했다. 니체는 걸으
면서 집필을 구상하였고 책을 가다듬었다. 걷는 것만으로 사고
가 확장된다. 노르웨이의 매력은 자연을 체험하는 것이다. 오슬
로를 거쳐 프롬(Flam)에서 며칠을 지냈다. 다시 노르웨이의 지붕
이라는 핀세(Finse)에서 만년설과 호수의 광활한 풍경을 벗 삼아
걸었다. 안식과 여유로움이다. 역설적이게도 아름다운 자연을
마주하며 걷는 순간에 나를 지배하는 영상이 떠올랐다. 오슬로
의 뭉크 박물관에서 보았던 그림들이다. 자연을 보면서 공포와

불안을 강하게 느끼는 이유는 무엇일까? 그림의 이미지가 나와 동일시되면서 마음을 휘젓고 있다. 실체가 없는 감정이 화폭에 물감을 뿌린다. 내면에 숨겨 왔던 억제된 감정을 느끼면서 다시 뭉크를 생각한다. 그는 왜 불안과 공포와 같은 부정감정의 그림에 집착하였는가? 사랑받지 못하면서 자란 성장 배경에 그 이유가 있다. 아버지로부터의 구타는 뭉크를 처참히 무너지게 만들었다. 5세 때는 어머니가, 14세 때는 누이 소피에가 결핵으로 피를 토하며 고통스럽게 죽어 가는 모습은 공포의 경험이었다. 아버지와 동생 안드레아스는 우울증으로 죽고, 여동생 라우는 정신병을 앓다가 죽었다.

뭉크는 절규의 순간을 이렇게 표현했다. "친구들과 산책을 하다가 저녁노을을 보는 순간 핏빛의 공포를 느꼈다. 두려움으로 소리를 질러야 했다." 친구들은 아름다운 석양을 보았는데 뭉크는 왜 절규하였는가? 공포는 외부요인이다. 외부의 자극이 제거되면 자연히 없어지는 감정이지만 뭉크에게 각인된 공포는 너무나 처절하여 떠나지 못했다. 뭉크는 "죽은 자들을 데리고 산다."고 하였다. 공포와 불안이라는 고통이 커지는 만큼 감정에 집착하였다. 그는 "보는 것을 그리는 것이 아니라 이전에 보았던 것을 그린다."고 했다. 떨쳐 버릴 수 없는 암묵기억이다.

아름다운 자연 앞에서 나는 왜 뭉크의 그림을 떠올리는가? 살아오면서 무엇인가 절절히 부르짖고 싶었던 공포였다. 부족한 자신이 세상과 마주했던 두려움이었다. 갈등이었고 마음의 상처였다. 실재적인 대상은 없지만 확실하지 않은 것에 대한 위험의 감정들이다. 강박과 부정은 수많은 화살이 되어 나에게로 날아왔다. 활을 더 이상 당길 힘이 없을 때까지 자신을 처절히 몰아붙였다. 성공이라는 단어를 위해서 말이다. 뾰족한 산기슭 만년설 위에 나뒹구는 버려진 몸으로 모진 바람을 막아야 하는 심정이었다. 자괴감으로 삶 자체가 소진되었다. 이 순간까지 나를 위로하는 방법을 알지 못했다. 세상과 멀어지는 곳으로 떠나고 싶었다. 그래서 떠나왔다. 지금 아무도 없는 고독의 자연 속에서 여유롭고 싶지만 편하지 못하다. 이유가 뭘까? 눈보라 치는 황야에서 견디려고 몸부림쳐야 했던, 지금의 자신이지만, 이렇게 사는 삶이 싫었다. 나의 내면을 보듬어 주지 못했다는 후회의 감정이다. 고독과 공포라는 감정이 휘몰아치고 떠난 후 고요가 왔다.

나의 내면이 얼음물로 넘실대는 호수에 비추어진다. 자연의 외로움에서 뭉크의 공포를 마주함으로써 내가 상처받았던 암묵 기억을 토해 내고 있다. 현재를 떠나고 싶어 했던 감정은 진실이 아니었다. 보듬어 달라는 애처로움이 마음 한구석에 자리하고 있었을 뿐이다. 설경이 보이는 저 높은 산 위를 자신의 키보다 훨씬 큰 배낭을 멘 사람이 걸어오고 있다. 사람을 보는 것만으로도 반갑다. 이것이 진실한 나의 감정일 것이다. 가슴속 깊은 곳에 고여 있는 암묵기억이 정화되니 그것은 오히려 사람에 대한 그리움이 되었다. 행복을 찾으려고 현실을 도피하는 순간이 지나면 또다시 현실의 나와 마주하게 되는 것이다.

● 행복 연습하기

소요하는 일상이 동적인 행복 찾기라면 명상과 미소 짓기는 정적인 방법이다. 자동사고에 연동되어 끊임없이 나타나는 감정의 왜곡을 알아차릴 수 있다. 비판단적으로 수용하고 새로운 통찰이 일어나 자신을 새롭게 볼 수 있는 마음의 상태다. 불안이나 분노와 같은 부정의 감정도 편하게 받아들여 내면의 가치를 찾는다. 마음 챙김 명상(MBSR)의 창시자인 존 카밧진(Jon Kabat-Zinn) 박사는 "숨쉬기에 유의하는 것만으로도 행복의 감정을 얻을 수 있다."고 하였다. 작은 노력으로 감정의 본성을 알 수 있고 행복으로 이어진다.

그러나 이것이 어렵다. 타인의 감정을 더 존중하도록 교육받아 왔기에 스스로 나의 감정을 들여다보는 것에 서툴렀다. 내면을 헤집어 보려는 용기가 부족하여 자신의 감정을 달랠 방법을 찾고, 쾌락과 회피로 포장된 행복에 몰입하였다. 내가 기대하는 이면의 존재를 알지 못한 채 행복을 얻었다고 착각한 이유였다. 소확행이라는 이름으로 포장하고 있을 뿐 내가 이룬 행복은 아니었다. 잠깐의 기분전환이고 본질에서 벗어난 회피적인 사고였다. 고난을 자각하여 수용하거나 극복하여야 행복의 언덕에 오를 수 있다는 깨달음이 없었다. 뭉크가 암묵기억의 고통을 토했듯이 말이다. 그래서 나는 순간의 행복과 긴 불행의 감정을 안고 살아왔을 것이다.

뭉크는 아픔의 고통으로 소리치며 그림을 그렸다. 비극적인 가족사, 돈 없는 가장의 삶, 절망적인 심리에서 나오는 공포와 두려움의 감정과 마주할 수 있도록 내면의 고통을 헤집어 펼쳤다. 그림으로 감정을 보듬었기에 비극적인 삶을 극복하였고 스스로를 위안받았다.

생애 후반기에는 절망의 벽을 넘지 못하고 자신도 조울증과 알코올중독을 겪게 되지만 이 시간이 뭉크의 인생에서 반전이 된다. 치료 후 그린 후기 작품은 삶의 기쁨과 즐거움을 표현하기 시작했다. 뭉크 자신도 이 시기의 감정이 행복이었다고 했다. 자연의 풍요로움을 그리는 등 긍정적인 화풍이 이를 말해 주고 있다. 뭉크가 자신의 부정심리를 가식으로 포장하였다면 절망의 공포 속에서 생을 일찍 마감했을 것이다. 자신을 위로하는 감정을 헤집어 내는 표현주의 그림을 그렸기에 인생의 마지막에서 뭉크는 긍정의 감정을 얻었다. 뭉크를 다시 일으켜 세웠던 것은 몇 개월의 치료가 아니었다. 암묵기억으로 겹겹이 싸여 있는 부정감정을 그림으로 토해 낼 수 있었던 용기였다.

그림으로 자신의 감정을 표현하고 소통하였던 뭉크와 같이 나에게는 인문독서, 걷기와 명상이 그와 같았다. 감정과 대화하고 이를 행동화하는 훈련이었다. 글을 통해서 나의 감정을 받아들였고 불안에서 벗어날 수 있었다. 기쁜 사람처럼 행동하고 행복하다고 생각했다. 부정의 마음에서도 의미를 깨닫고 긍정의 행동을 활성화시킬 수 있었다. 독서, 걷기, 명상은 암묵기억을 정화하면서 부정감정을 보듬어 주었고 행복의 감정을 불러일으킨 소중한 시간이었다. 나를 지속적으로 의식화하는 훈련이었다.

행복의 기준

프랑스 출신 티베트 승려 마티외 리카르(Matthieu Ricard)는 세상에서 가장 행복한 사람으로 인정받고 있다. 그는 자신의 저서 『승려와 철학』에서 행복은 꾸준한 노력을 통해 갈고닦아야 얻을 수 있는 일종의 기술이라고 했다. 하버드대학교 행복학 인기교수인 숀 아처(Shawn Achor)는 『행복의 특권』이라는 책에서 "지금 참으면 나중에 행복이 보장될 것이라는 관습에서 벗어나는 것이 행복이다."고 했다.

우리는 어떻게 행복을 얻을 수 있을까?

객관적으로 바라볼 수 있는 힘과 긍정의 마음을 얻는 것이다. 한 권의 책일 수도 있고 여유로운 여행일 수도 있다. 행복을 이루려는 간절함을 행동화할 때 이룰 수 있다. 행복을 먼저 경험한 사람들은 우리들에게 더 많이 노력할 것을 조언하고 있다. 행복을 우연히 이루어지는 것으로 아는 착각을 깨는 것이다. 암묵기억으로 축적된 부정의 감정을 토해서 아픈 상처를 헤집어 꺼내야 한다. 내가 진정으로 이루고 싶은 욕구를 찾도록 감정을 보듬는 것이다. 하고 싶은 것 수만 가지 중에서 필요한 한 가지를 선택할 수 있는 지혜가 있어야 한다. 가치를 찾는 것에 집중해서 감정을 단순화하여야 한다. 행복의 강도보다는 빈도에 집중하는 것이 방법이다. 작은 성취를 반복하는 훈련이다.

　출근길에 콘크리트 사이를 뚫고 올라온 이름 모를 꽃송이를 보고 행복했던 기억이 있다. 두려움으로 갈등했던 일을 해냈을 때 마음의 땀을 닦으며 행복했다. 아들이 시험지를 내밀면서 백점이라는 큰 도장을 보여 줄 때 행복했다. 가족과 함께했던 봉사의 시간도 행복이었다. 아프리카 마을에서 내가 전해 주는 작은 사탕에 함박웃음을 짓던 어린 아가들과의 시간도 행복이었다. 집에서 정성스럽게 만든 드립커피 한 잔을 아내와 함께 마시는 일상도 행복이다. 살아왔던 삶 전체가 행복이 가능한 순간이었다. 이렇듯 행복은 내가 선택하는 주관적 감정이라면 행복하지 못할 이유가 없다. 감정을 보듬어 주는 것만으로도 이룰 수 있다.

 설렘 TIP

　행복은 목표가 아니다. 감사의 감정을 의식화하는 것만으로도 일상의 행복은 무수히 넘친다.

소통의 방향성

● 소통의 습관

지금까지 준비 안 하고 뭐했어?
왜 못하는 거야?
그렇게 일해서 어림도 없다!

오늘도 김 부장은 곽 과장을 불러서 호통을 친다. 대답도 하지
않고 돌아서서 걸어오는 곽 과장의 얼굴에 화를 참으려는 모습
이 역력하다. 이렇게 생각 없이 내뱉는 한마디에 부하 직원은 좌
절하고 가슴에 피멍이 든다. 우리는 왜 자존감, 업무 효율, 회사
분위기는 물론, 행복의 감성까지도 무너트리는 거친 말에 무관
심한가?

너라는 말로 지적하는 것이 그렇다.

자신을 방어하기 위한 무의식의 표현이고 상대를 제압하는 감정이다. "네 잘못이야. 너 때문에 이렇게 된 거 아니야. 너는 항상 변명만 늘어놓잖아." 등이다. 사실을 표현하는 대화법으로 바꾸면 느낌이 달라진다. "결과에 대해 많이 실망했어. 일이 잘못되어 내 마음이 불편하다. 사실하고 다르게 말하니 나를 무시하는 것 같아." 감정이 포함되어 있지 않아야 청자의 공감과 성찰을 기대할 수 있다. 느낌 그대로를 말하는 것이다.

우월 의식이 소통을 단절시킨다.

동료가 상사에 대해 이야기하면 마음의 상처를 하소연하고 싶을 뿐이다. 들어 주는 것이 역할이다. 조언이나 훈육까지 해 주는 것은 우월의식이고 구원해 주어야 한다는 오만이다. 더 나아가서 비난까지 함께하는 것은 더 큰 화를 자초할 수 있다. "당신 실수는 아무것도 아니야! 언제부터 진급했다고, 옛날을 기억 못하는군!" 호소하는 사람에게 잘못이 있더라도 반성이 불가하며 상사를 비난하는 행동이 계속된다. 말을 하고 싶으면 공감하는 정도면 충분하다. "그 상황에서 난감했겠구나. 마음이 많이 상했겠네.""아, 그렇구나. 힘들었겠구나. 그런 상황이면 나도 속이 많이 상했을 거야." 꼭 이유를 알고 싶다면 이런 질문이 좋다. "그런

데 왜 그런 상황이 발생했는지 말해 줄 수 있니?"

임의적인 자기해석이 문제다.

나는 공정회의에서 나눈 대화로 마음고생을 한 적이 있다. 석 부장이 맡고 있는 업무가 늦은 것을 지적하였다. 문제는 석 부장 스스로가 자신을 무능력자로 확대해석하여 부정감정을 마음속 깊이 담았다는 것이다. 관계가 멀어지니 소통이 더 어려워졌다. 나쁜 소통의 악순환이다. 석 부장이 확대해석한 것이 문제의 시작이었지만 나에게도 부족함이 있었다는 것을 나중에 알았다. 지속적으로 지적하고 반복하여 비판하였던 것이 석 부장에게는 상처였던 것이다. "공정이 개선되려면 어떻게 할 수 있는지? 어떤 도움이 필요한지?" 가능성에 초점을 맞추는 질문이었으면 더 좋았을 것이다.

긍정적인 대화를 사용하면 의견을 좋게 받아들이고 부정의 대화는 거부감을 보이는 것이 인간 심리다. 격려의 대화, 인정의 대화, 공감의 대화가 좋은 이유다. 경청하고 인정받음으로써 존중의 감정을 느낀다. 상대의 말에 진심으로 귀 기울이고 사고를 확장할 수 있다.

● 좋은 소통

소통은 관계의 문제이다. 서로의 감정을 잘 이해해야 좋은 소통이 될 수 있다. 관심과 배려만으로도 좋은 소통이 가능하다면 이것이 어려운 이유는 무엇인가? 우리는 상대의 감정을 이해하는 데 서투르다. 소통의 어려움이 여기에 있다. 어떻게 좋은 소통을 실천할 수 있는가?

공감과 경청에 집중해야 한다.

상사는 부하들과 소통하지만 부하는 상사와 소통이 안 된다고 한다. 잘 듣지 않으니 상대의 마음을 읽지 못한다. 듣는 것에 집중해야 하나 할 말에 더 집중한다. 상사들이 저지르는 과오들이다. 들었던 내용의 대화가 아니라 자신의 말을 하니 초점이 달라진다. 겸손의 감정이 소통과 같이하지 않으면 소리의 전달에 그치고 만다. "자네 말이 중요하게 느껴지네. 내가 이해한 것을 설명할 테니 확인해 주면 좋겠어." 공감하고 경청하는 방법이다. 이러한 표현은 신뢰를 주어 소통에 집중하게 한다. 존경의 마음까지 얻는 대화법이다.

상사와의 소통에는 전략이 있다.

상사의 말을 무조건 거부하는 것은 최악의 선택이다. 정확히 공감하는 것이 우선이다. 그 후에 자신의 의견을 말하면 귀 담아 듣지 않을 상사는 없다. 상사가 "오후에 사무실에서 커피 한잔하자."고 말하면 커피를 마시는 것만을 위한 초대가 아니다. 전하고 싶은 내용이 있으며 동시에 좋은 관계를 이루고 싶다는 표현이다. 초청의 의도를 알아서 협의하고자 하는 내용을 사전에 준비하는 직원과 생각 없이 방문하는 직원이 있다. 준비된 직원과는 좋은 소통은 물론 관계도 좋아질 수 있는 반면, 준비가 안 된 직원과는 지시적 대화가 될 가능성이 높다. 초청자는 상대가 자신의 의도를 당연히 알 것으로 이해하고 말한다. 소통이 잘 이루어진다는 의미는 친밀성의 관계이기도 하기 때문이다. 당신은 상사와 마음으로 통하는 관계인가? 아부가 아니라 자신이 상처 받지 않기 위한 노력이다.

존재의 욕구에 충실한 대화법을 활용하라.

갑작스런 회의 소집으로 화가 났다면 어떻게 해야 하는가? 비판하는 순간 "화"라는 부정감정이 초점이 된다. 상처를 받거나 싸우기밖에 더하겠는가? 존재의 욕구에 초점을 맞추어야 한다. 한발 물러서 생각해 보면 배려를 받고 싶다는 마음이다. 비판하지 말고 섭섭함을 이야기하면 된다. "선약 일정이 있었는데 갑자기 회의를 소집하니 당황했습니다. 향후 미팅은 사전에 미리 통보해 주세요." 화를 냈을 때와 요구 사항을 정확히 제안했을 때를 비교하면 우리의 선택은 명확해진다.

개인의 성격을 고려하여 소통을 하라.

자기방어가 강하고 열등감이 있는 사람과의 대화에서는 칭찬이 방법이다. 완벽주의자에게는 인정받고 있다는 메시지가 대화에 포함되는 것이 좋다. 성취 지향적인 사람과는 목표에 대한 이야기로 대화를 시작하고, 리더 성향의 사람과는 핵심 주제로 바로 이야기를 전개해야 한다. 자신의 성향에 주의할 부분도 있다. 자기중심적인 사람은 감사의 방법이 서투르다. 카리스마형의 사람은 부하에게 상처를 줄 수 있어 겸손함을 항상 염두에 두어야 한다. 성향에 반하는 소통은 무의식적으로 반감이 높다. 감정과 연결되어 있기 때문이다. 서로를 잘 안다고 생각하는 소통이 상처가 되는 이유다.

이러한 것을 모두 어우르면서 자신의 의사표현을 정확히 할 수 있는 대화법이 있다. 김 부장이 곽 과장에게 상처를 주었던 부정의 대화를 긍정의 질문으로 재구성해 보자.

일정을 맞출 수 있다는 확신을 어떻게 가질 수 있을까?

지금보다 더 나은 대안은 없을까?

그것을 개선하기 위해서 함께할 수 있는 방안을 찾아보자!

꼭 제안이 필요하다면 직접적인 지시보다는 의견을 묻거나 이미지를 떠오르게 하는 것이 좋다. 상대가 스스로 답을 찾도록 소통하는 방법이다.

한 번 더 숙고한다면 어떤 방법이 가능할까?

지금까지 해온 방법에 추가할 수 있는 것은 없을까?

심리학자인 마르셀 로사다(Marcel Losada)는 60개 회사에서 회의하면서 나누는 대화를 분석하였다. 3분의 1은 번창하는 회사였고 3분의 1은 실적이 나쁜 회사였다. 이 차이는 이들이 나누는 대화가 긍정이냐 부정이냐의 비율에 달려 있었다. 긍정과 부정의 대화 비율이 3대 1 이상이면 번창하였고 그 이하는 위기로 나타났다. 이것을 '로사다의 비율'이라고 한다. 긍정의 대화가 중요한 이유다. 당신의 언어는 어느 쪽인가?

잘못된 대화로 후회한 경험은 누구에게나 있다. 다음에는 실수를 하지 않아야지 다짐하지만 반복된다. 평생을 몸에 익혀 온 습관이기 때문에 잘못의 인정보다는 합리화가 우선인 것이 사람의 심리다. 생각만으로 대화법이 개선될 수 없다. 곽 과장에게 상처를 주었던 김 부장도 그렇고 나도 그랬다. 지시보다는 질문으로 상대 스스로가 생각하고 행동하게 하는 소통의 방법을 연습하는 것이다. 열린 질문, 탐구 질문, 가정 질문의 활용이다. 기대하는 결과도 얻으면서 상생할 수 있는 대화법이다. 그러나 질문의 방법이 소통의 전부는 아니다. 배려와 함께하는 소통이 이루어질 때 우리는 행복의 기회를 얻는다. 관계가 행복의 플랫폼이기 때문이다.

 설렘 TIP

말하는 것이 소통이라는 착각에서 벗어나라. 배려, 경청, 공감에 답이 있다. 긍정질문을 연습하는 것만으로도 소통의 설렘을 얻는다.

갈등에도 긍정성이 있다

● 방향의 다양성

건축부에 근무하는 김 부장과 황 부장의 반감은 부서원 모두가 다 알 정도로 심각하다. 김 부장이 내 사무실로 들어서는 표정에서 방문 이유가 보인다. 황 부장의 업무를 불평하기 위해서다. 김 부장은 목표 지향적인 성향이어서 업무를 맡으면 일정표를 우선적으로 작성한다. 반면 황 부장은 세부적인 작업 내용에 치중한다. 황 부장은 김 부장을 게으른 사람이라고 불평하고 김 부장은 황 부장이 철저하지 못하다고 지적한다. 그들에게 있어 서로는 없어져야 할 대상일 뿐이다.

두 사람이 반감을 가진 이유는 무엇인가? 심리학 이론을 적용해 보기로 했다. 관점의 차이지만 이를 인정하지 않는 것이 문제다. 커피 한 잔을 제안하면서 두 명의 부장을 불렀다. 사무실에 같이 오는 것 자체도 불만스러운 표정이다. 이들에게 개방적으로 질문했다.

"스트레스를 받아 가면서 열심히 일하는 목표가 무엇이냐?"
둘은 똑같이 대답했다. 아름다운 건물을 기간 내에 완료하는 것이다. 질문이 이어졌다.

"아름다움의 강점을 가진 사람은 누구인가?"
황부장도 김 부장이 자신보다 더 예술적인 감각이 있다고 인정한다.

"목표 추진에 강점을 가진 사람은 누구인가?"
물론 황 부장이라는 데 두 사람의 의견이 일치했다. 건물을 아름답게 일정 내 완료하기 위해서는 서로가 없어져야 한다고 비난하던 사람들이다. 몇 번의 질문으로 서로가 틀렸다는 생각에서 방향만 다르다는 것을 깨닫게 되었다. 한 잔의 커피를 앞에 놓고 개방된 질문을 하는 것만으로도 자신과 상대를 이해했다. 서로는 강점으로 상생하고 부족한 부분은 도와야 한다는 사실도 알았다. 김 부장의 아름다움에 황 부장의 관리 기법이 더해져서 최고의 팀이 될 수 있었다.

갈등은 우리 주변에서 다양하게 나타난다. 여행할 때 종종 부딪치는 아내와의 갈등도 그렇다. 아주 작은 일로 시작된다. 옳고 그름을 따질 문제도, 언성을 높여 가며 싸우고 분노와 상처를 증폭시킬 사건도 아니다. 여행을 잘하고 싶은 마음의 표현 과정에서 나타나는 의견의 차이일 뿐이다. 여과되지 않는 한순간의 말이 문제를 크게 만든다. 언어의 비수는 벌써 상대를 향하여 날아가고 있다.

"여보, 물어보세요."
"알았어요."
"저기 있는 사람한테 물어보라니까?"
"알았다니까!"

해외여행에서 아내와 내가 가장 많이 나누는 대화다. 아내는 호텔만 나서면 계속해서 길 방향을 재확인하라고 요구한다. 내가 현지인들에게 물어보지 않는 이유는 잘못된 대답으로 오히려 많은 어려움을 당한 경험이 있기 때문이다. 필요할 때만 물어

보면 된다는 의견이다. 그러나 아내의 생각은 다르다. 가끔 방향을 잘못 판단하여 반대쪽으로 갔다가 다시 오는 경험에 대한 불만이다. 걸어서 하는 일정이 많기 때문에 30분을 반대 방향으로 갔다면 1시간을 헛걸음하는 것이다. 이럴 때 나는 벌써 마음이 상해 있는데 아내가 한마디 하면서 불을 붙인다. "그러니까 항상 물어보라고 했잖아요!" 순간적으로 좋지 않은 감정이 올라오면서 충동적으로 대꾸한다. "그러면 지금부터 당신이 앞장서!" 갈등의 시작이다. 좋지 않은 대화가 오가면서 서로에게 마음의 상처를 준다. 언성을 높이는 사유가 되어 몇 시간씩 불편하다.

🍎 갈등의 부정성과 긍정성

갈등 전문가이며 심리학자인 카렌 전(Karen A, Jehn)은 갈등을 과업갈등과 관계갈등으로 세분화하였다. 과업갈등은 동일한 목표에 대한 방향성의 차이다. 프로세스만 알면 해결점을 찾을 수 있다. 절차와 방법 등 다양성을 인정하는 순간, 창의적인 에너지가 될 수 있다. 그러나 과업갈등이 지속되면 감정이 개입된다. 논쟁이 심해지면서 대화의 초점은 흐려지고 상대를 제압하는 것이 목적이 된다. 복수하려는 분노로 이성적인 대화는 불가하다.

사람을 비난하고 공격에 몰두하게 되면서 서로에게 상처를 준다. 갈등이 발생한 원인은 뒷전이 된다. 어제 한 이야기인데 서로가 다른 주장을 하며 원수가 된다.

"오늘까지 해 주기로 했잖아!"
"내일까지인데!"
"자네는 항상 그런 식으로 약속을 안 지키고 있어!"

관계갈등은 이렇게 생각 없이 내뱉는 한마디로 시작된다. 목표에 집착하는 만큼 배려는 부족하고 공격하는 언어가 일상이 된다. 감정이 개입되어 신뢰에 금이 가고 자존심이 상처를 입는다. 잠재되었던 부정감정까지 복합적으로 작용하여 분노가 폭발한다.

여행에서 나와 아내의 갈등은 목적지에 무사히 도달할 때까지 나를 긴장시킨다. 당초 계획대로 가고 있는지? 더 나은 길은 없는지? 계속 자문자답을 하면서 지도나 안내 책을 확인하고 또 확인한다. 긴장감으로 실수를 최소화한다. 갈등의 긍정성이다. 김 부장과 황 부장의 갈등도 그렇다. 이들은 같은 목표였고 열정의 방향만 달랐지만 서로가 무능하다고 비난하였다. 부정의 틀 속에서 갈등을 꺼내어 개방할 수 있었기에 해결이 가능했다. 갈등을 적극적으로 직면하고 해결함으로써 우리가 얻는 가치는 무한하다. 갈등의 긍정성에도 주목해야 하는 이유다.

예방과 해결

복잡한 사회에서 갈등 없이 살기란 불가능하다. 목표지향적인 조직사회에서는 더욱 그렇다. 갈등을 예방하거나 최소화할 수 있는 방법을 찾아야 하는 이유다. 갈등을 예방할 수 있는 방법은 무엇인가?

개방형 질문의 대화가 좋다.

목표하는 것이 똑같다는 마음이 전해질 것이다. "이야기하신 것에 추가하여 다른 의견도 제시하신다면 어떤 것들이 있을까요? 더 많은 사람들이 만족할 수 있는 의견을 찾는다면? 우선순위는 어떻게 생각하시는지요? 어떤 점을 보완하고 싶으세요? 현재 가장 중요한 이야기는 무엇일까요? 해결 가능한 방향성을 구체적으로 설명해 주시겠습니까?" 때로는 "그게 맞는 말이야!"라고 격려의 말도 사용하라. 질문에 대답하는 과정에서 상대와 공감하게 된다. 대화로 나타나는 외형적인 상황 이상을 알게 된다. 내재된 가치, 우선순위, 기대 등의 추론이 가능하다. 편한 대화를 할 수 있고 서로가 수용하는 결과를 얻는다.

성향에 따른 차이를 인정하는 것이다.

성격이 급하여 일정에 초점을 맞추는 사람이 있고 정확성을 중요하게 생각하는 사람도 있다. 성과에 집착하는 사람이 있고 관계를 우선시하는 사람이 있다. 옳고 그른가에 대한 정의가 판단 기준인 사람이 있고 인정과 칭찬에 집착하는 사람도 있다. 기질이나 업무 습관도 다양하다. 사람들은 프로그램 된 대로 일하는 것이 편하기 때문이다. 성향은 무의식적으로 습관화되어 있는 개인의 존재방식이다. 서로의 성향을 이해하려는 노력만으로도 갈등은 예방할 수 있다.

상사와의 갈등은 행동이 우선이다.

이유를 반복하여 설명하지 말아야 한다. 자기주장만 내세우는 사람으로 간주되어 관계가 악화된다. 배려가 행동으로 전달될 때 상사는 당신과 함께하려는 감동을 느낀다. 행동은 백 마디의 설명보다 더 설득력 있는 신뢰의 감정을 불러오기 때문이다. 메시지 전달에서 언어가 차지하는 비중은 단지 7퍼센트이다. 38퍼

오늘도 하루가 설렌다

센트는 목소리의 억양과 크기이며 나머지 55퍼센트는 비언어적인 태도로 소통이 이루어진다. 캘리포니아 대학 알버트 메러비안(Albert Mehrabian) 교수의 연구에서 나타난 분석이다. 언어는 현상을 전달하는 의미일 뿐이며 감정은 행동으로 표현한다. 변명을 구하기보다는 진정성을 보이는 행동이 답이다.

나는 어떻게 갈등관리를 하였나?

갈등을 떠올리며 명상을 시작한다. 과거에 풀지 못했던 것이나 현재 진행 중인 내용도 있다. 마음이 상하여 공격하고 싶은 나의 감정을 느끼면서 상대를 설득하는 이야기를 한다. 나의 의견이 논리적이라고 생각한다. 잠시 긴 호흡을 3분 정도 진행하며 긴장을 푼다. 이번에는 상대의 감정으로 나를 설득한다. 이때 상대의 논리가 정당하다는 감정을 확실하게 이입해야 한다. 서로의 주장이나 감정을 공감하고 차이점을 이해할 수 있다. 마지막으로 상대와 일대일 독백형식으로 자유대화를 한다. 쌍방의 의견이 합리적으로 느껴진다. 상대를 공감하며 해결 가능한 제안을 할 수 있다. 목표가 같은데 왜 감정이 폭발하고 분노해야 했는가? 어리석음이었다.

나는 욱하는 감정으로 많은 고난을 겪었다. 흥분된 상태로는 나의 주장만 머리에 가득했다. 공감하는 대화를 못하는 것은 당연했다. 얼굴을 맞대고 대화를 했으면서도 서로 다른 말로 비난했다. 잠깐 동안 호흡하는 것만으로도 폭발은 피할 수 있었다. 명상훈련 덕분이다. 친근감이 높아져서 갈등에서 자유로울 수 있었다.

갈등의 상태로는 관계의 의미, 일의 의미, 심리적 안정감 등 행복과 관련된 모든 것이 무너진다. 나와 상대 모두가 피해자로 남게 된다. 일방적인 희생이나 양보로는 갈등 해결이 불가하다. 제압해야 하는 이분법적 논리도 해결 방법이 아니다. 힘으로 해결된다면 이는 해결된 것 같을 뿐이다. 약한 자를 패자로 만들어 분노를 가슴에 심어 준다. 승자도 승자가 될 수 없다. 사실에 근거한 정확한 의사표현훈련이 예방이다. 감정이 건전해진다. 갈등에서 한없이 자유로워지는 당신의 모습이 느껴지는가? 행복하지 못할 이유가 없다. 모두가 친구가 되는 즐거움이 있다.

때로는 절대 양보할 수 없는 주제도 있다. 이때 필요한 것이 수용의 마음, 공감과 경청이다. 한 번의 양보는 영원하지 않다. 주는 만큼 받을 수 있다. 자발적인 양보의 수량만큼 나도 상대에게서 양보를 얻고 있다. 이것이 인생사다.

 설렘 TIP

갈등의 이면을 탐구하라. 목표를 같이하려는 열정일 뿐이다.
모두가 친구가 되는 설렘의 시작이다.

영하 40도를 함께한 리더들

● 남극의 도전자들

페루와 볼리비아 여행을 마치고 아르헨티나의 수도 부에노스를 경유하여 지구 최남단 도시 우수아이아(Ushuaia)에 도착하였다. 우스아이아는 왕가위 감독이 제작한 영화 〈해피투게더(Happy Together)〉에서 주인공 양조위가 슬픔을 벗어나기 위해 찾았던 힐링 도시로도 유명하다. 공항에 도착하여 시내로 들어가는 창밖의 풍경만으로도 왜 이곳이 힐링 도시인지 느껴진다. 산과 바다의 조화를 바라보기만 해도 몸과 마음이 차분해진다. 낮은 구름과 안개가 엷게 낀 자연의 모습은 편안함 그 자체다.

우스아이아에서 하룻밤을 자고 남극으로 향하는 배에 승선하였다. 800㎞에 달하는 드레이크 해협(Drake Passage)을 어떻게 건널지 걱정이 몰려온다. 대서양과 태평양의 이동 해류와 남극환류(Antarctic Circumpolar Current)의 풍랑으로 하룻밤을 꼬박 뱃멀미를 해야 건널 수 있는 마의 해협이다. 지구상에 존재하는 얼음 90%가 있는 곳, 어디를 보아도 눈과 얼음, 바람만이 존재하는 남극이다. 이곳에서 세 명의 리더, 스콧(Robert Falcon Scott)과 아문젠(Ronald Amundsen), 섀클턴(Sir Ernest Henry Shackleton)의 도전을 마주하고 있다. 남극 방문의 이유이기도 하다. 풍랑과 유빙을 보면서 탐험가들을 그려 보니 성공과 실패자를 구분하는 그 이상의 엄숙함이 느껴진다.

● 야심의 리더십

모든 감정을 압도하는 욕망, 야심이다. 집착과 아집의 감정을 키워서 자만으로 스스로를 쓰러트린다. 탐험가 로버트 스콧의 이야기다. 스콧은 1901년부터 1904년까지 3년 동안 디스커버리호를 타고 남위 82도 17분까지 탐험하였다. 이 기록을 책으로 발표하였고 강연을 하면서 영국의 영웅이 되었다. 대중들은 영국이 최고가 되어야 한다는 시대적 상황과 맞물려 이 책에 사실 이상으로 열광하였다. 스콧도 영웅이 된 듯 자만하였고 허세는 하늘에 닿았다. 탐험에 동행했던 부하들은 업적이 과대 포장됐을 뿐이라며 비웃었지만 스콧은 귀담아 듣지 않았다.

영웅이 되어 있는 스콧은 자신을 지배하는 야심의 감정에 이미 최면 상태였다. 오히려 자신이 능력자라는 것을 보여 주기 위해 남극에 다시 도전한다. 준비에서부터 실패를 예견한 선택만 있었다. 도스토에프스키가 지적한 그 욕망과 자만심이다. 실패한 조랑말을 이동수단으로 고집했다. 극한에서 검증되지 않은 썰매와 방한 옷을 선택했다. 동반 대원들이 반대하고 극지 원주민들도 불가능하다고 지적했지만 받아들이지 않았다. 리더의 본질은 망각되었고 소통과 신뢰는 없었다. 생존을 우선으로 해야 하는 인간의 본성마저 태워 버렸다.

1910년 테라노바호를 타고 남극으로 출항하지만 자신은 물론 부하들까지 목숨을 잃게 되는 참극을 맞는다. 야심은 매혹적인 감정이다. 모든 것을 삼켜 버리는 유혹이 된다. 적절히 통제되어야 하지만 리더만이 규정할 수 있다는 것이 문제다. 스콧 사망 후 그의 리더십에 대한 수없는 비평이 쏟아졌지만 이미 후회스러운

한탄일 뿐이다.

야심은 문제의 중심에 본인이 없다. 대중의 욕구에 충동하는 감정이다. 성찰이 없으니 상황 인식이 안 된다. 충동에 보답하려는 욕구만이 힘을 발휘한다. 부하들과 교류하는 감정은 야심의 환호 소리에 묻힌다. 커다란 담이 세워지고 소통은 불가하다. 분노와 희생이 있을 뿐이고 끝내는 자신마저 파멸한다. 나는 스콧과 다른가? 리더에게 필요한 질문이다.

● 겸손의 리더십

오슬로 시청에서 버스를 탔다. 남극을 방문하면서 꼭 가 보고 싶었던 곳이다. 아문젠이 실제로 사용하였던 항해 관련 자료들이 전시되어 있는 플람 박물관이다. 박물관 자료는 한글로도 설명되어 있어 이해가 편했다.

남극탐험의 리더가 되기 전, 아문젠은 이미 최고의 탐험 전문가였고 그의 삶 자체가 항해였다. 바다표범 사냥선에 승선하였고 일등항해사로 남극을 경험하였다. 이러한 경험에도 그는 겸손하였다. 남극 도전을 준비하기 위해 에스키모와 같이 살면서 추위에 생존하는 방법을 다시 체험했다. 검증할 수 있는 실용적인 방법이었다. 자신이 전문가였지만 준비에 더 철저했다. "완벽한 준비만이 승리의 여신을 만날 수 있다. 대중들은 나의 성공을 행운이라고 부르지만 준비의 고통을 모르기 때문이다." 아문젠이 남극을 정복 후 한 말이다.

섭씨 영하 40도의 추위 상상만으로도 극한의 도전이다. 팀원들과 동일한 무게의 짐을 끌고 매일 15마일을 이동하였다. 박물관의 2층에 무게를 체험할 수 있는 시설이 있어 나도 도전해 보았다. 내가 감당할 수 없는 무게였다. 이들에게 경외감을 느꼈다. 아문젠은 남극점 탐험이라는 목표를 팀원들과 정확히 공유하였고 솔선수범하였기에 성공하였다. 겸손이라는 감정이 없으면 할 수 없는 행동이다. 우월하려는 감정이 아니다. 편견이나 허영, 자만심으로부터 자유로운 자발적인 겸손이다. 스스로가 완전하지 않은 것을 인정함으로써 더 많은 준비를 했다. 박물관 외부에는 아문젠과 그와 함께했던 탐험가들이 대서양을 바라보고 서 있는 동상들이 있다. 이들의 꿈은 현재도 대서양 끝에 있는 남극을 향하고 있는 듯하다.

배려의 리더십

　스콧의 죽음과 탐험의 실패는 영국인들에게 충격이었다. 남극 정복을 아문센에게 빼앗긴 후 자존심 회복을 위한 남극 횡단이라는 새로운 도전 목표를 설정한다. 섀클턴이 선발되었다. 인듀어런스(Endurance)호에 몸을 실어 28명의 선원과 1914년 10월 26일 출발했다. 불행하게도 남극대륙에 닿기 전 웨들해(Weddell Sea)의 한가운데서 배가 좌초한다.

　섀클턴은 배가 난파되자 곧바로 생존을 최고의 목표로 제시한다. "당초의 목표는 모두 잊어라. 생존이 최우선이고 지금의 목표는 살아남는 것이다."라는 격려를 시작으로 위대한 리더십을 발휘한다. 서로 도우려는 공감의 감정이 자신에게서 우리로 이동한다. 난파선을 이용하여 6미터 길이의 작은 돛단배를 만들었다. 이 배로 사우스조지아섬(South Georgia Island)까지 1,250㎞를 항해하였고, 다시 3,000미터 높이의 파제산(Paget Mountain)을 넘는 대행군을 했다. 날씨는 인간의 한계로 감당하기 불가능한 섭씨 영하 40도다. 산맥을 넘을 때 이들이 활용할 수 있었던 도구는 작은 로프와 손도끼 한 자루가 전부였다. 난파 후 634일의 극한여정을 극복하고 모두가 귀환했다. 탐험의 목적 자체를 평가

한다면 섀클턴의 탐험대는 아문센이나 스콧보다 못한 성취였다. 그러나 1999년 영국 BBC 방송이 실시한 최고의 탐험가를 선정하는 여론 조사에서 섀클턴은 아문센이나 스콧을 능가하여 5위에 랭크되었다.

섀클턴은 어떻게 무사귀환을 이루었는가? 배려의 리더십이다. 다 같이 머리를 자르는 의식을 함으로써 정체성을 공유하였다. 감정이 소진되지 않도록 글쓰기를 하며 스스로를 조절하였다. 작은 의견 차이라도 소통하며 갈등을 예방하였다. 무게를 줄이기 위해 자신의 금장식을 모두 버리는 과감함을 보였지만 대원들의 오락을 위해서 허시라는 악기는 끝까지 같이하는 배려를 보였다. 평등의식을 스스로 실천하였다.

동일한 시기에 북극 탐험에 나섰다가 빙산에 갇혀 조난을 당한 캐나다 칼럭호의 스테팬슨(Vilhjalmur Stefansson) 탐험대는 11명 전원이 사망했다. 이기적으로 변한 팀원 간의 불신과 균열이 죽음을 자초하였다. 모두가 위험 상황에 노출될 수 있는 극한의 상황에서 분출된 분노가 비참한 최후로 이어졌다.

이에 비하여 섀클턴의 항해 팀은 28명이나 되었고 대학교수부터 어부까지 복잡한 구성원이었다. 이들은 살아서 돌아왔다. 리더에게 이것보다 더 큰 목표가 있겠는가? 의사결정의 개방성, 배려와 평등의식으로 신뢰가 있었기에 가능했다. 리더의 장점과 단점, 한계를 분명히 알고 부족한 힘을 조직이나 팀원들에게 요청하고 수용하는 배려의 마음이 이루어 낸 기적이었다.

● 리더의 감정

얼음에 반사되는 아침 햇살은 유난히 눈이 부시다. 추위 속에서도 따스함이 느껴진다. 선장실에 올라갔다. 얼음과 푸른 바다만 보인다. 나는 이곳에서 19세기 남극 탐험에 나섰던 리더들을 만났다. 우리에게 기대하는 메시지를 그들에게 들어 보고 싶었다. 리더십은 무엇인가?

스콧은 남극 탐험보다 과학 탐사에 더 전문가였다. 과학 탐사 대장으로서 누구도 따라가지 못할 능력자다. 심리학자 골만의 말이 떠올랐다. "리더에게 감정지능은 전문지식이나 지능보다 더 높게 요구되는 핵심 능력이다." 스콧은 실무지식이 탁월한 반면 감정지능이 부족했다. 아쉬운 부분이고 실패의 원인이었다. 첫 번째 탐사에서 대원들의 질병, 썰매개의 사망, 장비의 고장 등 현실적인 문제들이 있었음에도 교훈을 얻지 못했다. 성공을 자랑하여 자신을 우상화하기에만 급급했고 준비를 위한 소통은 없었다. 모든 것을 알고 있다는 우월성과 해군장교로서의 규칙을 강조하는 리더십이 전부였다. 자신을 삼키는 야심이라는 감정의 괴물이 만들어 놓은 함정이다. 야심 앞에는 어떤 소통도 불가하다. 직책이 올라갈수록 야심은 점점 커진다. 태양에 너무 가까이 날아올라 밀랍이 녹아서 바다에 떨어져 죽은 이카로스의 운명과 같아진다. 더 높이 날고 싶다는 욕망이 리더의 야심으로 포장될 때 리더 자신은 물론 조직에도 재앙이다.

아문센은 다양한 경험자다. 철저한 준비를 할 수 있는 전문적인 탐험대장이다. 항해술과 풍부한 탐험 경험을 보유하고 있었지만 겸손을 택했다. 겸손은 감성에 가까운 의미이기도 하지만 관점을 명확히 유지하면서도 중용을 유지한다. 목표는 이성적이지만 관계는 감성으로 교류한다. 얼음 같은 매정한 사람으로 매도되는 이성과 좋은 사람으로 치부되는 감성의 두 모습이 겸손이다. 성과지향주의라는 말이 나쁜 이미지를 주기도 하지만 리더에게는 현실의 단어이자 이성의 힘이다. 대원들에게서 신뢰를 얻지 못하면 성공할 수 없다. 감성의 마음이다. 극한의 분위기에서는 더욱 그렇다. 감성과 이성의 감정을 모두 이루어 낼 수 있는 리더의 덕목이 필요하다. 아문젠은 겸손의 리더십으로 화합과 성과를 얻었다.

리더도 실패할 수 있다. 절망적인 상황에서 좌절할 때 나를 안아 줄 누군가의 가슴이 필요하다. 이러한 사람들은 섀클턴과 마주하라. 아무리 어려운 역경도 인내로 도전한다면 극복할 수 있다는 용기를 얻는다. 섀클턴이 대원들과 겪었던 고통과 도전의 과정을 그려 보는 것만으로도 울림이 된다. 하버드대학교에서 리더십을 강의하는 빌 조지(Bill George) 교수는 "배려의 감정이 없는 리더는 리더가 아니다."라고 단언하고 있다. 배려는 이해와 소통, 공감을 통하여 도우려는 의지를 포함하고 있다. 배려가 없다면 고통으로 쓰러져 가는 부하를 공감하지 못한다. 이순신은 백성을 사랑하는 마음이 자신을 진실하게 행동하도록 했다고 한다. 연민을 넘어선 배려의 감정이다.

리더십은 부하들의 다양한 감정을 포용하여 그들이 겸손의 감정을 느끼도록 배려하는 능력이다. 감정을 조절하고 활용할 때 관계가 친밀해지고 조직이 성공할 수 있다. 그러나 감정에 함정도 있다는 사실을 간과해서는 안 된다. 스위스 로잔느 대학교 조직행동심리학 교수인 안토나키스(Antonakis)는 "감정지능이 높은 사람은 감정의 저주에 휩싸일 수 있다."고 했다. 감정에 예민하게 반응할 수 있어 감정노동을 초래한다. 결정 지연의 원인이 되기도 한다. 감정에 너무 치우쳐서 리더의 역할에 어려움이 있다면 귀담아들어야 하는 말이다.

리더도 화려한 것 같지만 자리에 오르기까지 수없이 많은 순간에 자존감을 낮추어야 했던 상처가 있다. 화려한 모습만 보지 말고 상처를 이해하고 공감할 때 자기편이 되지 않을 상사는 없다. 부하의 덕목이다. 상사는 선장이고 부하는 승객의 위치에 앉아 있는 우를 범하지 마라. 부하도 선원의 위치에서 항로를 같이 고민하고 노를 저으며 힘을 보탤 때 상사는 마음속으로 고마움의 눈물을 흘린다. 상사가 고독한 결정을 할 때 부하의 작은 제안에도 감사한다. 부하가 상사에게 리더십을 기대하듯이 상사는 부하의 팔로우십에 감동한다. 리더와 부하는 서로의 만족과 성장을 위하여 마음을 교류하는 관계다. 배려와 겸손의 리더십과 팔로우십의 끈끈한 감정으로 조직을 활성화시킨다. 리더십과 팔로우십의 관계가 행복에서 중요한 이유다.

설렘 TIP

상대의 위치에서 나를 바라보라. 당신은 어떤 리더인가? 당신
은 어떤 부하인가? 질문만으로도 감정은 교류한다. 배려와 상
생의 마음이 자연스럽다. 모두의 행복이다.

관계의 철학자, 키에르케고르

🌑 내가 만나고 싶었던 철학자

코펜하겐에 도착하여 첫날 찾아가고 싶었던 곳이 왕립도서관
이다. 책을 보기 위한 목적이 아니다. 도서관 정원을 들어서니
큰 동상이 보였다. 내가 만나고 싶었던 덴마크 철학자 키에르케
고르다. 대중을 내려다보며 현대인들에게 "행복의 90%가 인간
관계다."라고 말하고 있다. 내가 경험했던 편안함과 행복, 불편
과 불행이라는 관계의 감정이 떠올랐다.

우리는 누구나 좋은 관계를 기대한다. 직장에서 같이 근무하
는 동료라면 더욱 그렇다. 나에게 관계하면 생각나는 사람이 있
다. 홍 부장이다. 중요 업무를 담당했던 직원이 갑작스런 사표로

고민하고 있을 때 커피와 초콜릿을 들고 나를 찾아왔던 직원이다. 관심이었고 배려였지만 정겨운 마음을 그때는 몰랐다. 관리부장으로서 당연히 해야 하는 업무 정도로 생각했다. 지금에야 진심으로 고마움을 느끼고 있다.

나는 상대의 마음을 읽는 데 무관심하였다. 목표나 성과에 더 집중하는 성향 탓이었을 것이다. 모니터에 시선을 고정한 채 이메일을 읽고 회신해 주는 것이 최우선이었다. 회의에 참석하고 바쁜 업무도 처리해야 했다. 나로 살 수 있는 시간이나 에너지가 없었고 배려의 마음은 서서히 시들어 질식했다. 소통은 단절되고 보이지 않는 선이 그어졌다. 생각 없이 살았던 시절이다. 성과제일주의라는 사회학습의 결과일 수도 있다.

드라마나 영화는 안정적인 관계를 묘사하지 않는다. 갈등이 생기고 문제가 있어야 이야기의 소재로 묘미가 있다. 부정의 관계를 당연시하고 자극적인 것을 좋아하는 인간의 본성을 부추긴다. 무엇이 우리를 그렇게 바쁘게 하는가? 관계의 중요성을 돌아볼 여유마저 없는가? 관계보다는 성취가 중요한 가치였기 때문이다. 나의 성향을 미리 알았더라면 더 많은 사람들과 교류하기 위해 의도적으로라도 노력했을 것이다. 성취지향적인 사람들의 부족한 부분이다.

관계에 무관심했던 사람이 나 혼자일까? 직장에 있으면서 함께했던 동료나 상사, 후배들의 얼굴을 떠올려 보았다. 그들도 나와 다르지 않았다. 우리 모두는 좋은 관계를 유지하기 위해서 얼마나 많은 노력이 필요한지 잊고 있다. 상대가 호감을 보일 때 나도 조금씩 반응한다. 내가 먼저 다가가려고 노력하지 않았다. 친밀한 관계가 어려울 수밖에 없는 이유다. 더 나은 삶의 의미를 얻으려면 이제라도 달라져야 한다. 행복은 관계에 달려 있다고 키에르케고르는 대중을 설득하고 있다.

어떻게 하면 더 나은 친밀감을 얻을 수 있는가? 처음 만난 연인들이 놀이공원에 같이 간다거나 분위기 좋은 카페에서 식사를 함께한 후 사랑의 감정이 급격히 높아진다. 여러 번 만나서 감정이 성숙되어 사랑을 느끼는 사람도 있지만 처음부터 연인인 것처럼 행동함으로써 단기간에 사랑에 빠지는 사람들도 있다. 동료나 상사와 좋은 관계를 얻기 위해서는 내가 먼저 친밀한 행동으로 다가가는 용기를 가져라. 관계의 행복을 얻을 수 있는 효과적인 방법이다.

관계의 접근법

관계는 어떻게 행복이 되었나?

고급 외제차라도 혼자라면 재미가 없다. 연인과 버스를 타거나 걷는 것이 행복이다. 호화스러운 집이 좋은 것이 아니다. 집에 살고 있는 구성원들과 어떻게 사는 것인가에 따라 행복이 달라진다. 좋은 식당에서 멋진 음식을 먹더라도 혼자라면 맛이 반감된다. 혼자서는 이렇게 외롭고 메마른 감정으로 살게 된다. 요즈음은 1인가구가 대세지만 이들도 끊임없이 누군가와 관계를 원한다. 심지어는 반려동물이라도 함께 있어야 위로를 받을 수 있다.

돈이 많으면 연인들끼리 여러 곳을 다니며 사랑의 감정을 나눌 수 있다. 한동안의 이색적인 데이트일 뿐이다. 마음에서 우러나는 소통과 배려의 감정이 없다면 관계는 지속되지 못한다. 직장에서도 활발한 교류가 없다면 하루가 얼마나 지루하고 힘들 것인가? 이러한 생활을 평생 해야 한다면 매일을 살아가는 것이 아니라 고통을 견뎌야 하는 나날이 될 것이다.

열심히 노력한다고 모두가 성공하는 것이 아니듯 의지만으로 친밀한 관계를 얻을 수 없다. 좋은 관계로 발전하는 데는 서로에게 필요한 덕목이 있다. 능력이나 권력, 성장과 발전을 공유할 수 있거나 행복을 줄 수 있는 매력이 있어야 한다. 이것이 충분조건은 아니다. 능력과 매력이 넘치더라도 관계의 기술이 없으면 반발심으로 거부당하는 것이 이치다. 연애라는 감정이 돈이 많고, 학식이 높고, 외모가 특출하다고 모든 사람에게 선택되는 것은 아니듯이 말이다. 관계는 상대성이기 때문에 세상을 내 감정대로 움직일 수 없다. 서로의 감정, 생각, 의도가 기대하는 방향으로 다가갈 때 친밀한 관계를 얻을 수 있다.

서로의 기대대로 움직인다는 것은 어떤 상태인가?

상대에게 복종이나 헌신하는 감정을 말하는 것이 아니다. 무조건 고개 숙이고 다가가는 것도 아니다. 상대가 가까이하고 싶은 마음을 가지도록 하면 된다. 배려받고 존경받는 마음을 느끼게 하는 것이다. 할 수 없는 일을 무리하게 하는 것이 아니고 할 수 있는 것에 집중하는 것이다. 처음 보았을 때 가슴 뛰던 연인에게 고백을 하지 못한 감정은 평생 후회로 남게 된다. 시도해 보지 않은 것에 대한 아쉬움이다. 직장이나 사회에서도 좀 더 다가가고 싶은 사람이 있다면 친밀함을 행동으로 나서기를 제안한다. 나를 기다리고 있는 사람이 의외로 많다는 사실에 놀랄 것이다.

어떻게 좋은 관계를 이룰 수 있는가?

친밀감은 가슴으로 대화할 때 생긴다. 상대가 인지할 수 있을 정도로 친해지려고 노력하면 상황은 반전된다. 배려는 나에 대한 연민이나 애착만큼 타인을 동일시하는 감정이다. 행동이 동반될 때 진심을 얻을 수 있다. 덴마크는 어릴 때부터 또래 관계 활동을 통하여 배려하는 습관을 익힌다. 부탄은 자신에 대한 기도보다는 함께하는 이웃이나 동물들을 위한 기도에 더 열심이다. 어떻게 행복한 관계를 이룰 수 있는지 보여 주는 교훈이다. 당신이 행복하지 않다면 관계라는 연결선을 돌아보는 것이 먼저다. 관계의 선택은 배려에 달려 있다.

🌑 관계의 경계선

배려의 감정을 유지하기 위해서는 경계선이 중요하다. 자신을 보호하고 존중할 때 동등한 관계가 된다. "아니오."라고 말하는 거절의 방법을 아는 것이다. 거절을 못할 때는 종속적인 사이가 되거나 부정의 감정이 축적되어 관계가 악화된다. 적절한 거절은 부정의 감정에서 자유로우며 건강하고 긍정적인 관계를 유지할 수 있다. 그래도 거절하는 것은 누구에게나 어렵다. 조심해서 지켜야 할 것을 잘 안다면 이를 극복할 수 있다. 자존심이나 권위에 상처를 주어 비수를 품게 하지 마라. 보이지 않는 선을 넘는 순간 돌이킬 수 없는 외로움과 좌절을 맞게 된다. 규칙일 수도 있고 예의일 수도 있다.

상사와의 관계가 특히 그렇다. 반대를 해야 한다면 정면으로 맞서는 우를 범하지 마라. 직접적인 반발보다는 여유를 가져라. 완곡하게 표현하고 다시 말할 수 있는 기회를 얻을 수 있다. "절대 안 됩니다. 못 합니다."라는 말 대신 "다시 생각해 보고 별도로 보고드리겠습니다."라고 말하라. 감정 조절을 못하여 욱하는 한 번의 실수로 평생을 망친다. 감정을 조절한 후의 대화는 너그러워질 수 있다. 자세를 낮추는 것은 아첨이나 비굴함이 아니다. 자신을 조절하는 절제의 힘이고 대인관계를 빛내는 능력이다. 상사와 다른 관점이 있다면 비평하는 것으로 끝내서는 안 된다. 부정의 인식만 남게 된다. 대안을 제시하여 의견이 다름을 알려야 한다.

힘 있는 사람에게 존경을 표하는 만큼 한직에 있는 외로운 상사에게도 관심을 보이도록 해라. 뒷방에 있던 상사가 힘을 가질 때 최고의 신임을 얻을 수 있다. 권위에 따라 다르게 대하는 우를 범하지 마라. 힘없는 상사가 비수를 품을 때 관계는 최악이 된다. 신뢰는 권한으로부터 나오는 것이 아니다. 존경에 대한 보상이 신뢰다. 권력에 따라 옮겨 다니는 철새가 되지 말아야 한다. 철새는 내가 옮겨 다니지만 결국은 상사가 나를 떠난다. 깨우칠 때는 이미 늦다. 관계에서 상사도 지켜야 할 덕목이 있다. 스스로 통제해야 하기에 더 어렵다. 배려를 실천하는가라는 질문만으로도 자신을 알 수 있다. 권위만으로는 존경받지 못한다는 깨달음이다.

직장인들에게 이직은 생애에서 가장 중요한 결정이다. 이직의 이유가 관계 때문이라는 의견이 70%가 넘는다. 관계가 이직의 이유라면 회사를 떠나는 것이 아니고 동료나 상사와 이별하는 것이다. 결정하기 전에 자신을 객관적으로 돌아보는 것이 우선이다. 한 사람이 절대 잘못하는 것은 없다. 상호작용의 결과다. 떠나기 전에 상사의 관점에서 다시 숙고하라. 상사가 바뀌기는 어렵지만 나의 관점은 변할 수 있다.

사람은 자기의 성격이 있고 업무 스타일이 다르다. 지시형 상사는 간략한 보고를 기대한다. 실무형 부하는 상세하다. 충돌이 있는 것은 당연하다. 서로가 불편하다면 성격이나 업무 방법이 다르다는 것을 인정하고 맞추도록 노력해야 한다. 비판하는 사람은 자신의 관점으로 모든 것을 바라보기 때문이다. 상사는 부하의 관점으로, 부하는 상사의 관점으로 바라보면 감정이 변할 수 있다. 서로가 인내하고 있다는 것을 이해하는 것만으로도 마음이 여유로워진다.

김 부장을 불러서 "오늘 오후 회의는 내가 참석 못하니 회의를 직접 주재하라."고 지시한다면, 이는 김 부장에게 신뢰가 있다는 의미와 회의에서 얻고자 하는 결과를 충분히 잘할 수 있다는 능력을 인정하는 말이다. 이때 김 부장이 '왜 나한테 다 하라고 해?'라는 생각을 가진다면 신뢰와 인정이 의도와 다르게 관계 악화의 원인이 된다.

어떻게 해석하는가는 내용의 문제이기도 하지만 인간관계가 분명히 존재한다. 소통에 있어서 말하는 사람의 의도보다는 듣는 사람의 공감이 더 중요한 이유다. 서로가 이해하는 범위 내에서 주고받기 때문이다. 가장 중요한 것은 논리력이 아니고 관계의 진실성이다. 당신을 존경하고 공감하는 동료가 있는가? 당신이 어려울 때 진심으로 배려받을 수 있는 동료를 가졌는가? 바쁘기만 한 일상에서 질문이 필요한 시간이다. 삶의 행복은 관계에 달려 있다. 키에르케고르의 말이 와 닿는 이유다.

✎ 설렘 TIP

행복의 90%가 인간관계다. 진화론을 말하지 않아도 혼자서는 살 수 없다. 그러나 사회관계보다 더 중요한 핵심이 있다. 자신이 추구하는 가치관, 정체성, 성격, 감정의 깨달음이다. 내가 바라보는 나와의 관계다.

다섯 번째

장.

사랑,
그리고 행복

아프리카에서 만난 교수

✱ 아프리카 봉사

    남아프리카의 요하네스버그로 가는 비행기에서 대학 봉사 단체를 인솔하고 있는 간호대학 영국인 교수의 옆자리에 앉게 되었다. 2시간이나 같이 앉아 가면서 봉사 활동의 내용을 들을 수 있었는데, 나에게는 충격이었다. 15년째 매년 여름방학 기간 동안 잠비아에서 의료 봉사를 하고 있는데, 근무하는 대학교에서 비용의 일부는 지원받지만 부족하단다. 야외의 가건물에 숙식하며 밀려드는 환자로 거의 24시간 근무한다는 것이다. 무엇이 이들로 하여금 돈과 시간을 투자하여 목숨까지 위태로운 지역을 자발적으로 찾아오게 하는가? 뻘겋게 익은 교수의 얼굴에서 봉사를 무사히 마쳤다는 것 이상의 행복한 미소를 읽을 수 있었다.

보상이 없는 어렵고 힘든 일을 하면서도 행복할 수 있는가? 의문이 들었다. 교수에게 진지하게 질문을 했다.

"무엇이 당신들을 이렇게 험한 여정의 봉사를 하게 하는가?"
"이타성일 수도 있고 동정심일 수도 있지만 그 이상의 어떤 사명감이다. 내 몸이 이곳에 와야 된다는 거역할 수 없는 지시를 받는다. 내가 헌신하도록 스스로를 격려하는 힘, 나는 이것을 몰입의 감정이라고 생각한다."

"봉사 활동은 만족하는가?"
"보살핌으로 건강을 회복하는 사람들도 있지만 오래 방치된 환자들도 있어 실패하는 경우도 있다. 우리는 이것을 성취와 실패로 구분하지 않고 그대로를 받아들인다. 한 달간의 일정은 체력적으로 감당하기 힘든 상황까지 이르지만 우리가 이곳에서 수행하는 일의 가치를 생각하면 더 이상 행복할 수가 없다. 내가 살아야 하는 삶의 의미일 수도 있다."

미국 컬럼비아 대학의 심리학자 토리 히긴스(Tori Higgins)는 사람이 행동을 결정하는 요인을 접근과 회피의 선택이라고 하였다. 접근 동기는 목표 자체에 흥미가 있어 스스로 열심이다. 회피 동기는 억압 또는 갈등을 피하기 위해 선택한다. 상사의 질책이 무서워 성과를 내야 한다면, 월급날 하루의 만족을 위해 한 달을 인내한다면, 이것들 모두가 회피 동기다. 지시적이거나 강압에 의해서 수행되는 업무는 흥미가 일어날 수 없다.

영국 봉사팀은 목표 자체에 흥미를 느껴 자발적으로 아프리카에까지 왔다. 연구와 학업으로 힘들어했던 시간에 봉사는 즐거움이고 삶의 의미였다. 좋아하는 일을 하는 접근 동기다. 연구업무로 고통이 심하여 떠나고 싶어 갈등하지만 행동하기가 쉽지 않다. 그럴 때마다 봉사의 기억은 용기를 주었다는 교수의 말에 깨달음이 있었다. 학교의 직무에서 벗어나 더 가치로운 일에 몰입함으로써 현재의 어려움이나 고통을 잊을 수 있었다. 현재의 부정 감정을 접근 동기가 보상해 주고 있는 것이다.

우리가 일상으로 만나는 업무에서 동기가 충만하지 않을 수도 있다. 아마 대부분이 그럴 것이다. 그렇다고 매일을 우울하고 불행하게 살아야 하는가? 영국봉사팀의 이야기에서 답을 찾을 수 있다. 삶이 힘들어 회피하고 싶을 때 의도적이라도 접근 동기의 기회를 가져야 하는 이유다.

✖ 행복은 이상과 현실을 아는 것이다

교수와의 대화에서 '동기', '의미', '몰입'이라는 단어가 가슴에
와 닿았다. 어떻게 해야 이런 정도의 열정으로 회사 업무에 몰입
할 수 있는가? 일의 동기를 어떻게 찾을 것인가? 열정을 느끼지
못하는 일로 깨어 있는 시간 대부분을 회사에 있어야 한다면 인
생은 너무나 가엾지 않은가? 일 자체를 즐길 수는 없는가? 일을
떠나는 것 자체가 휴식이고 행복한 시간이라면 우리의 삶은 고
통을 지고 사는 것이나 다름없다. 너무나 안타까운 현실이다.

펀 경영의 창시자이며 버진그룹의 회장인 리처드 브랜슨
(Richard Branson)은 "인생의 80%는 일터에서 보내면서 퇴근 후 재
미를 찾으려고 노력한다. 너무나 큰 착각이다. 직장에서 재미를
찾지 못한다면 행복한 삶이 아니다. 일에서도 재미와 의미를 느
껴야 한다."고 말한다. 그는 기업경영에서 실패도 있었지만 "즐
거울 수 있었기에 절대 후회하지 않는다."고 했다. 즐겁고 신나
게 자신의 업무에 몰입하고 도전하는 자세가 행복이었다.

나는 30년을 직장에 다녔다. 회피 동기로 살아왔던 순간들이
더 많이 떠오른다. 행복한 삶이 있을 것이라는 이상과 환상을 그

리워하면서 매 순간 떠나고 싶었다. 회피 동기를 어떻게 접근 동기로 변화시켰는가? 행복이라는 환상의 충동을 극복할 수 있었던 배경은 무엇인가? 내가 추구했던 다양한 활동들이 접근 동기가 되었다. 인문독서를 하면서 지식적으로 많은 성찰을 얻었고 이타성을 실천하여 나의 감정을 보듬었다. 명상과 여행, 심리학 학문에 대한 흥미로 현재의 삶이 즐거웠다. 회피하고 싶은 업무를 보상하도록 도와주었던 접근 동기들이었다. 내가 회피 동기로 살고 있을 때의 질문은 "나는 왜 불행한가?"였다. 이것이 긍정의 질문으로 변했다. "나는 어떻게 더 행복할 수 있는가?"이다. 어려울 때 나를 일으켜 세운 것은 진실된 내면의 힘이었다. 성공에 집착했던 완벽주의, 이어지는 강박증, 육체적이고 정신적인 소진의 깨달음이었다. 그것은 비움으로부터 시작되었고 성찰과 배려의 지혜로 이어졌다. 몰입이라는 행복의 의미를 찾는 길이기도 했다.

자신의 적성과 가치에 맞는 직업을 찾기 위해 중학교부터 진로를 탐색한다. 탐색의 노력은 대학교까지 이어진다. 취업을 하고 직업을 선택한다. 스스로의 결정이다. 하지만 우리는 직장에서 왜 불행을 느끼는가? 자신의 꿈을 찾는 과정이 단편적이기 때문이다. 정말 맞는가라는 핵심 질문을 하지 않았다.

학생들의 직업 선택 기준은 흥미와 적성이라는 대답이 다. 선택하는 직업군을 보면 안정성과 소득이 우선이다. 자신들의 이상은 잘하는 것, 하고 싶은 것이지만 현실의 선택은 안정성과 보상이다. 이상과 현실의 간격을 알아차리고 적응하는 것이 필요하지만 이를 간과하니 불만족이다. 타인의 욕구와 자신의 욕구를 구분하지 못한 결정도 문제다. 일의 의미와 가치로 자신의 정체성을 어떻게 성장시킬 것인가의 문제를 고민하지 않았다. 충돌할 수밖에 없는 구조다. 욕망을 이루려는 자기의 동기를 알아야 한다. 어떻게 찾을 것인가? 다양한 길이 있다. 행복의 의미를 구할 수 있는 지식과 지혜를 갖추는 것이다.

✖ 몰입을 찾다

진로 상담에서 내담자들의 고민은 "내가 하고 싶은 것이 무엇인지 모르겠어요. 알고 싶어요." 또는 "내 꿈을 찾고 싶어요."이다. 각 대학교에는 상담센터가 있다. 학생들의 고민과 일상에서 어려운 부분을 상담으로 도와주는 곳이다. 상담 내용은 다양하지만 그중에서도 진로 상담이 제일 많다. 자신을 분석하고 정체성을 확립하지 못한 상태로 입학한 결과다. 상담 결과에 따라서 전과를 하거나 심지어는 입학 준비를 다시 하는 학생까지 발생하는 것이 현실이다. 대학교만 이런 것이 아니다. 몇 년을 공부하여 자신이 원하는 직장에 취직하여도 적성에 맞지 않는다는 이유만으로 대기업에서도 10%가 넘는 신입사원들이 중도에 사직한다. 이를 해소할 수 있는 방법을 찾아보자.

나에게 질문을 해야 한다. 가장 중요한 것이 무엇인가? 흥미나 적성, 또는 보상의 가치를 고민하게 된다. 소득의 가치, 휴식의 가치, 여행의 가치, 지식의 가치, 성취의 가치 등 하나라도 버릴 수 없는 욕망이다. 모두 선택하고 싶지만 현실적으로 가능하지 않다. 모든 것을 안고 사는 것이 당연한가라는 질문을 해 보자. 해답을 찾는 과정에서 가치와 현실이 다르다는 것을 스스로 깨우친다. 선택과 대안이라는 다양한 활동으로 보완이 가능하다.

나는 어떻게 몰입을 이루었나?

내가 얻고 싶은 가치와 삶의 의미를 치열하게 고민했다. 욕구와 현실을 반영하여 순서를 정했다. 학문의 욕구가 가장 중요한 가치였지만 자기소통의 방법으로 대화하였고 현실적 대안을 찾았다. 지금 떠나고 싶은 직장에서 10년을 더 인내하기로 했다. 동시에 학문적 욕구도 이룰 수 있도록 인문독서를 시작했다. 이러한 선택으로 현재를 만족했다. 하고 싶은 것, 좋아하는 것만을 하는 완전한 만족은 없다는 깨달음이다. "내가 왜 이렇게 살아야 하나…"라는 불행의 감정을 막아 주었다. 가치와 현실이 반영된 순서로 준비하였고 더 나은 성과를 얻었다. 내면의 감정이 나를 칭찬해 주는 날들로 충만했다. 가치의 충돌을 조정하였을 뿐이다. 지혜의 덕분으로 접근 동기를 찾았고 몰입을 얻을 수 있었다.

자신이 원하는 것 하나를 찾기 위해 좋아하는 것, 또는 하고 싶은 것에 집중하라고 한다. 여기에 함정이 있다. 진로사고 검사를 해 보면 자신을 통제하는 사람에 휘둘리는 사람들이 의외로 많다. 내가 바라는 모습이 내가 아닌 것이다. 중요한 타자에 의해서 심어진 의식일 수 있다. 그래서 몰입의 검증은 이론으로 되는 것이 아니다. 몇 번의 심리검사나 단편적인 생각으로도 찾을 수 없다. 속삼임을 의심하고 질문하여 행동으로 검증해야 한다.

실패의 수렁에서 구해 줄 누군가가 나타나기를 간절히 기도한다. 문제의 핵심은 여기에 있다. 답을 가진 사람이 바로 "나"이지만 자신을 소외시키는 우를 범한다. 위로받고 싶어 타인에게 의지하려 하지만 이는 근본적인 해결이 아니다. 답을 찾을 수 없는 것이 당연하다. 패배자가 되거나 다시 타인의 욕망으로 살아가려는 유혹 앞에 서게 된다. 분노가 일 때도 타인에게서 이유를 찾으려 한다. 불가능한 곳에서 답을 구하고 있다. 모든 문제의 접근법이 이러니 답을 찾을 수 없는 것이 당연하지 않은가?

행동 검증은 어떻게 하는 것인가?

고독의 길을 넘어야 하고 수많은 실패를 거쳐야 찾아지는 것이다. 나의 길을 안내하고 위로해 줄 사람은 진정 나라는 사실이다. 실패의 감정이 들어도 도전의 욕구가 넘친다면 몰입이다. 사소하고 하찮은 일에 흔들리지 않고 중요한 것에 집중할 수 있는 지혜다. 선택의 두려움이 없고 결정이 자유롭다. 현재가 만족스러운데 다른 것에 기웃거릴 이유가 없다. 당신이 몰입할 수 있는 접근 동기에 집중하고 있는가? 삶을 단순화할 수 있는 지혜의 문제다. 질문과 해결의 중심에 자신이 서는 것이다.

 행복 TIP

몰입은 내가 하고 싶은 것 수만 가지에서 하나를 선택하는 것이다. 삶의 의미와 가치에 집중하게 된다. 이것이 행복이다.

나눔, 비움, 행복

✖ 이타성과 이기심

다산은 귀양살이 중에 폐가된 집안을 일으켜 세우기 위해 해야 할 일들을 자녀에게 적어 보냈다. 이 편지에서 이타성을 강조하고 있는 부분이 특이하다. "폐가된 집안을 일으켜 세우기 위해서는 독서만이 수신제가를 할 수 있다. 또한 이타성을 발휘하여 봉사하는 것을 으뜸으로 하라."는 철학을 가르치고 있다. "베푸는 것은 그것으로 만족하라. 보상에 대한 기대를 절대 가지지 마라. 기대를 하는 한마디가 그동안 쌓은 공덕을 허무하게 만들 것이다."라고 이기심의 욕망을 일침하고 있다. 몰락하는 집안에서 모두가 어려운 시간을 보낼 때 독서를 하라는 것은 이해가 되지만 봉사로 집안을 일으켜 세우겠다는 것은 어떤 의미인가?

심리학에서는 이타성을 성향적으로 보는 본성론과 성장하면서 얻어지는 학습론이 대립하고 있다. 다산의 편지를 읽으면서 이타성은 심리학의 개념보다 더 높은 철학이 있다고 느꼈다. 이타성은 무엇인가? 나의 노력과 열정을 세상과 나누는 것이라고 생각했다. 봉사를 직접 하면서 생각이 변했다. 상대를 행복하게 해 주려는 마음이 나의 행복이었다. 사랑의 감정도 높아졌고 일에서도 새로운 가치를 얻을 수 있었다.

행복지수 상위에 있는 부탄은 이타성을 최대로 향유하는 문화다. 삶 자체에 자신이 몰입되어 만족감을 얻는다. 덴마크의 행복도 타인을 배려하는 습관이다. 배려받고 싶은 만큼 모두를 그렇게 대하는 것이다. 하버드 의대에서는 마더테레사 전기를 읽기만 하여도 면역기능이 좋아진다는 연구 결과가 있다. 테레사 효과다. 봉사자들도 "봉사는 결국 나의 생존과 가족의 행복, 자신의 가치와 자녀의 인성을 위한 것이다."라고 말하고 있다. 사랑의 법칙이다.

200명의 학생에게 절친한 친구의 이름을 10명씩 적게 하고 그 사람이 행복한 사람인지와 불행한 사람인지를 나누도록 했다. 다시 남을 돕는 사람인지 이기적인 사람인지 구분하였다. 행복하게 보이는 사람의 75%가 남을 돕는 사람이고 불행하게 보이는 사람의 95%가 이기적인 사람이었다. 이타성이 행복의 감정을 높여준다는 버나드 림랜드(Bernard Rimland)의 연구결과가 우리에게 깨우침을 준다. 그러나 이타성이 행복이 되기 위해서는 자신을 사랑하는 마음이 넘쳐야 한다. 사랑 없는 봉사는 희생으로 착각하는 어리석은 마음을 낳는다. 포장된 이타심이 아닌지 항상 경계하라는 것이다. 이타심과 이기심은 경계선에 있기 때문이다.

✖ 감동의 이타성과 상처의 이기심

잠비아의 원주민 마을을 방문하였을 때 그들의 집은 선사시대 유적지를 보는 듯했다. 더 놀라웠던 사건은 동네 아이들의 과반수가 고아로 자라고 있었다. 부모가 에이즈 등의 질병이나 야생동물의 공격으로 일찍 죽었기 때문이다. 어린아이들과 허리 굽은 노모가 대부분이었다. 처음 눈에 들어온 것이 낡은 수도시설이었다. 봉사 단체의 도움으로 우물이 설치되었다. 안타까운 것은 지하수가 고갈되어 더 이상 사용이 불가하다는 점이다. 어린아이들은 큰 물동이를 이고 몇 시간을 걸어서 물을 구하러 다닌다. 건조한 흙먼지가 날리는 바닥에서 생활하고 있다.

이들을 만나는 순간 나의 준비가 너무 빈약하다는 것을 느꼈다. 그들을 위해 무엇인가 해야겠다는 마음이 솟구쳤다. 억제할 수 없을 정도로 안타까웠지만 준비해 간 적은 양의 선물을 전하는 것이 전부였다. 그러나 부족하다고 느끼는 감정은 나의 생각이다. 사탕 하나에도 미소 지으며 가까이하고 싶어 하는 순수함에 놀랄 뿐이다. 척박한 상황에서도 희망을 보았다. 낡은 함석철판을 칠판 삼아 영어를 배우고 있는 향학열에 가슴이 뭉클하였다. 호기심과 두려운 눈으로 나를 만져 보고 싶어 하던 고사리 손의 아가들에게 행운이 함께하기를 기도한다.

아마존 트레킹에는 신비함이 있다. 텔레비전으로 보았던 원주민들의 생활 모습 때문이다. 이번 일정은 브라질 북서부 지역의 가장 큰 도시인 마나우스(Manaus)부터 시작이다. 아마존의 지류 니그로강(Rio Negro)을 배로 약 2시간 항해하여 밀림 속에 살고 있는 원주민촌을 방문하는 것이다. 원주민 마을로 향하는 길에 동행하는 가이드가 있지만 두려움이 앞선다. 우거진 수풀과 높은 나무가 울창한 마을에 들어서니 공포스럽기까지 하다. 첫 만남부터 조심스럽다. 그들 중 아가들을 안고 있는 어린 엄마들이 가장 친근하다. 옷을 걸치지 않아 가슴은 훤하게 드러나 있다. 안고 있는 아기로 가슴을 가리면서 부끄러워하는 모습이다. 서로가 두려움으로 거리감을 느끼고 있지만 잠시였다. 선물을 건네주는 순간 아기와 엄마에게서 해맑은 행복의 미소가 보인다. 부끄러워하던 어린 엄마의 가슴도 더 이상 관심의 대상이 아니었다. 작은 정성이 그들과 나를 허물없는 관계로 만들었다. 배려는 인간관계에서 이렇게 빛을 발한다.

평판이나 칭찬에 중독된 이타성의 폐해도 보았다. 봉사자들이 아프리카에 우물을 파서 수도를 설치하였다. 너무 낮게 파서 몇 달 지나지 않아 물이 고갈되었다. 사용하지 못하는 수도시설을 보고 가슴이 무너지는 아픔을 같이했다. 성과에만 집착한 부작용이다. 우물이 설치됐을 때 감사했을 것이다. 몇 킬로나 되는 먼 거리를 다니지 않아도 되었다. 현재는 지하수가 고갈되어 물을 구하러 다시 먼 거리를 다니고 있다. 이들에게는 상처다. 제발 우물을 다시 쓰게 해달라고 울먹이는 마을 지도자의 모습에서 그들의 애처로움을 보았다.

커피 한 잔을 아끼면 이들이 일주일을 살 수 있는 도움을 줄 수 있다. 그러나 물질보다 더 중요한 것이 있다. 진실로 따뜻한 마음과 사랑의 감정이 전해지지 않으면 더 큰 상처로 남을 수 있다는 교훈이다. 이타성으로 포장된 이기심 앞에 나는 고개가 떨구

어졌다. 참담함이다.

✖ 이타성과 행복

이타성의 실천은 내가 어떻게 살아야 하는지 스스로를 돌아보게 한다. 명상을 할 때 봉사의 경험을 생각하는 것만으로도 행복을 느낀다. 봉사는 나의 것을 나누는 것만이 아니고 내가 받아 오는 것에 감사한다. 영화 〈블라인드 사이드(The Blind Side, 2009)〉는 불우한 환경을 이겨 내고 최고의 미식축구 선수로 성장하는 감동 실화를 담고 있다. 영화의 주인공은 '퀸튼 아론'이다. 그러나 진짜 주인공은 노숙의 처지에 있는 아이를 가족의 일원으로 품은 '산드라 블록'이다. 이타적이고 불의를 참지 못하는 따뜻한 가슴의 그녀다운 선택이다.

성공하여 가치 있는 삶으로 살기 위해서는 스스로의 노력이 무엇보다 중요하다. 그러나 세상은 복잡하고 관계적이다. 홀로 서려고 노력하지만 넘어져서 일어나지 못하는 사람도 있다. 때로는 누군가의 선한 의지가 이들에게 기적을 주기도 한다. 이 영화를 보면서 기적의 주인공 뒤에 우리 가족이 있었다면 하고 상

오늘도 하루가 설렌다

상해 보았다. 가슴이 뭉클하고 감동의 눈시울이 붉어 오는 느낌이다. 동정이 아닌 진정한 이타성은 따뜻한 가슴을 넘어 불꽃을 줄 것이다. 봉사를 행하는 것은 내가 남을 도와주는 마음이 아니다. 서로를 따뜻하게 하는 모두의 행복이다.

진수와 만났던 시간이 웃음으로 떠오른다. 함께하는 시간도 즐겁지만 준비부터 마음이 푸근하다. 기억하는 것만으로도 행복한 미소가 느껴진다.

오늘은 어떤 놀이를 준비할까?
무슨 과자를 좋아할까?
날씨가 추워졌는데 내의라도 준비해야 되지 않나?

이런 대화가 너무 좋았다. 우리 가족이 몇 년간 재활원에서 봉사하였던 때의 이야기다. 그 시간이 그립다. 다시 힘을 내서 행복한 시간에 대한 기억을 찾아야겠다.

이타성은 맹자가 주장하는 측은지심(惻隱之心)과는 차이가 있는 감정이다. 측은지심은 상대의 어려움을 가엾이 여기는 마음이다. 이타성은 상대의 입장에서 나타나는 공감성이다. 이타성은 왜 중요한가? 사회에서 존경받는 사람은 배려하고 공감하는 정도가 높다. 행복의 감정이다. 이타성은 성격적인 요인, 종교적인 요인, 양육의 요인 등에 의해서 형성되고 발달된다. 이 중에서 부모의 양육이 가장 큰 영향을 준다.

양육 형태에 따라 자녀가 사회적으로 존경받는 사람으로 성장할 수도 있고 그 반대일 수도 있다. 부모에게 자녀의 양육을 잘할 수 있는 철학적 사고와 지혜가 필요한 이유다. 아이들이 어렸을 때는 책을 읽어 주고 영상물을 보여 주면서 이타성과 배려를 알게 한다. 자녀가 성장하면 자녀와 함께 실질적인 봉사 활동을 경험하면서 이타성을 키울 수 있다. 봉사와 배려의 사회 경험을 많이 할수록 자녀의 이타성은 성장할 것이다. 부모와 자녀 모두가 삶의 의미를 깨우치는 길이고 행복하게 사는 방법이다.

나는 열등감을 성찰할 때 아프리카나 남미를 방문하였던 풍경을 떠올리면서 고마움의 메시지를 얻는다. "거울에 비친 나는 타자이기도 하니 결국 인간은 타자를 매개로 해서 자기 자신을 알 수밖에 없다." 라캉(Jacques Lacan)의 말이다. 타인을 더 객관적으로 볼 수 있는 행동에서 나를 보는 것이다. 이타성의 실천으로 행복과 성찰을 동시에 얻을 수 있었다. 소비보다는 지출, 채움보다는 비움, 욕심보다는 나눔에서 가치를 발견해야 하는 이유다.

 행복 TIP

봉사는 결국 나의 생존과 가족의 행복, 자신의 가치와 자녀의 인성을 위한 것이다. 사랑의 법칙이다. 상대를 배려하고 나도 배려받는다면 우리 모두가 행복하지 못할 이유가 없다.

세잔의 완벽주의

✖ 실패의 그늘과 성공의 축배

완벽이란 무엇인가? 몇 년 전 방문하였던 프랑스 남부 여행을 떠올려 보았다. 서부로 향하면 보르도 와인산지로 갈 것이고 동부로 가면 예술가들을 만날 수 있다. 앙티브(Antibes)에서는 피카소 미술관을 보고 아를(Arles)에서는 빈센트 반 고흐(Vincent Van Gogh)를 만난다. 고흐가 요양했던 생레미의 생폴 정신병원(Saint Paul Hospital)을 방문하여 병원의 풍경과 고흐의 작품을 볼 수 있다. 제일 먼저 떠오르는 질문이 있다. 고흐가 귀를 자른 이유는 무엇일까?

그는 한 끼의 음식을 먹을 시간이 없을 정도로 그림에 몰두하

였다. 시간을 아끼기 위해 직접 요리를 했다. 이때의 경험으로
고흐와 고갱은 청어, 고등어, 토마토, 감자, 배추, 호박과 같은 식
재료 소재의 그림을 남겼다. 열심히 그렸지만 그는 인정받지 못
했다. 자신의 작품이 논쟁과 비난에 휩싸이는 것을 인내하지 못
하였고 정신적으로 버틸 힘이 없었다. 동료인 고갱마저 그의 곁
을 떠나면서 스스로를 쓸모없는 사람으로 평가하였다. 세상에
버림받았다고 생각하면서 자신의 귀를 자른다. 완벽하고자 했던
스스로의 철학에 대한 몰락이다.

　한 사람의 삶을 황폐시킨 완벽주의에 대한 실패 교훈이다. 빈
센트가 요양했던 방은 아주 작고 구석에 있어 그가 사랑했던 정
원은 밖으로 나와야 보인다. 방 안에 있는 작은 침대에 조심스럽
게 앉아 보았다. 고흐의 방은 자신의 작품인 〈예술가의 방〉과 비
슷한 구조다. 강박적일 만큼 완벽하고자 했던 고통이 정신증으
로 진행되는 아픔을 안고서도 그림을 그린 고흐를 생각했다. 동
시에 가난에 벗어나고자 몸부림쳤던 그의 생을 음미해 보았다.

　빈센트의 삶과 고통을 느끼면서 "현재를 살고 있는 세상 사람
들은 모두가 온전한 사람인가?"라는 의문이 생긴다. 아마도 정신
적으로 불안하지 않은 사람이 없을 것이다. 단지 알아채지 못하

고 있을 뿐이다. 성공을 이루려는 완벽한 삶을 살기 위해 자신의 감정을 억제하면서 스스로를 학대하고 있는 현대인들의 모습들이 그려졌다.

현대인은 어떻게 완벽주의에 굴복하였는가?

자신에 대한 불안이다. 이룰 수 없는 높은 기대수준은 자신을 패배자로 만든다. 작은 잘못도 용납하지 못하는 어린 마음은 타인의 비판에 민감하여 쉽게 죄책감에 빠진다. 스스로가 완벽해야 하고 상대를 만족시키려는 노력에 에너지를 과소비한다. 자신의 감정을 억제한 채 타인의 감정에 맞추려는 강박으로 스스로를 질식시킨다. 실패의 두려움으로 시작 자체를 포기하고 작은 불안에도 도전을 하지 못하는 우를 범하게 된다.

성공할 수 없는 자신에게 실망을 넘어 스스로가 무력하다고 자학한다. 이면에는 낮은 자존감이 있다. 수치심, 강박감, 비관주의라는 부정의 굴레에 갇혀 있게 되며 이것이 정체성이 된다. 완벽하게 이룰 수 없는 자신을 비판하며 실패자가 되는 것이다.

고흐가 요양했던 정신병원을 나와서 버스를 탔다. 해바라기와 밤하늘의 그림 소재가 되었던 넓은 들판을 가로질러 달리는 차 안에서 고흐를 다시 떠올려 보았다. 내가 겪었던 완벽의 고통을 반추하는 사이 차는 어느새 엑상프로방스(Aix-en-Province)에 도착했다. 또 한 분의 완벽주의자 폴 세잔을 만나기 위해서다. 세잔의 아뜰리에는 검소하였다. 마당 앞에 있는 정원을 거닐면서 그가 이루려고 했던 도전을 그려 보았다.

첫째는 세잔의 신조였던 완벽주의 성향이다. 세잔은 그가 그린 그림의 10% 정도에만 친필 사인을 했다. 사과 그림 하나를 그려도 100번 이상의 의문을 가졌고 자신의 눈으로 보는 물체와 같게 그렸는지 확인하였다. 세잔의 완벽주의는 일중독으로 나타났고 폭풍우가 몰아치는 밭의 실체를 그리다가 폐렴으로 생을 마감하게 된다.

둘째는 본질을 그리려 노력했던 화가였다. 정물을 그렸지만 대상의 외형에만 집중하지 않고 생명을 그렸다. 새로운 도전은 현대 화가들에게 영감을 주었고 피카소와 브라크의 입체주의를 탄생시킨 배경이 되었다. 그의 성공은 철저한 완벽주의 성향과 강박적일 만큼 본질에 충실하고자 했던 열정이었다.

프랑스 남부를 여행할 때는 세잔과 반 고흐를 대상으로 한 영화 다니엘르 톰슨 감독의 〈나의 위대한 친구, 세잔 (Cezanne and I, 2015)〉과 핌 반 호브 감독의 〈반 고흐: 위대한 유산(The Van Gogh Legacy, 2013)〉을 사전에 보고 가는 것이 흥미를 더할 것이다. 세잔과 고흐를 만났던 여행은 나의 완벽주의와 강박 성향을 깊이 이해하는 시간이었다. 완벽주의는 내가 행동하는 동기였고 정체성이었다.

프로방스(Provence)를 떠나면서 비베뮈스(Bibémus) 채석장에 들렀다. 시간에 따라 햇빛과 그늘을 다르게 품고 있는 빅투아르산(Mount Sainte-Victoire)의 붉은 바위를 보면서 편한 장소에 앉았다. 산과 바위의 본질적인 모습을 완벽하게 그리려고 노력했던 세잔을 느끼면서 완벽주의로 인정을 받을 수 있었던 나를 돌아보았다. 세잔이 수준 높은 작품을 만들 수 있었던 에너지도 죽음을 불사할 만큼 신념으로 추구하던 완벽주의였다. 현대미술의 아버지로 칭송될 수 있었던 이유였다. 고흐도 옹호하고 싶은 마음이 일었다. 완벽하려 했던 열정으로 혼을 쏟지 않았다면 후대에 고귀한 평가를 받을 수 있었겠는가? 성공은 고통과 인내의 에너지로 얻어진다는 깨달음이 다가왔다. 이를 잘 견뎌 낸 나의 완벽주의에 감사한다.

✖ 완벽주의, 자유로운 에너지가 되다

현대인들은 어떻게 완벽주의를 신봉하게 되었는가?

성공을 행복으로 철저히 믿기 때문이다. 완벽주의는 모든 것을 이루는 신제품이 되어 취업생들의 자기소개서에 가장 많이 등장하는 단어가 되었다. 그러나 기업의 인사담당자들은 완벽주의라는 단어를 비호감으로 느낀다고 한다. 부정의 해석에도 불구하고 업무 수행이 완벽하지 않다고 평가되는 순간 설 자리가 없다.

직장은 사회적 지위를 얻고 돈을 벌기 위한 무한 경쟁의 장소다. 성장이나 자기실현의 꿈만을 이루는 곳이 아니다. 살아남기 위해서 더 완벽해야 하는 강박이 지배하는 일상일 뿐이다. 우리는 완벽한 자녀로 양육되어 왔다. 이제는 완벽한 직장인이 되겠다는 서약을 한다. 자신에게도 완벽하지만 동료에게도 완벽함을 요구한다. 완벽한 상사가 되고 완벽한 부모가 되는 것이 목표다. 허영의 정체성이 만들어 낸 시대의 발명품이 되었다. 완벽을 부르짖는 사람이나 완벽을 거부하는 사람 모두를 힘들게 하고 있을 뿐이다. 완벽이 장점이라는 사람이 있는가 하면 성장의 저해 요인이라고 평가하기도 한다. 완벽이라는 강박은 우리의 사고와 정서에 많은 영향을 미치지만 깊이 있는 깨우침이 없기 때문이다.

완벽주의를 어떻게 바라볼 것인가?

완벽주의자는 스스로가 선호하는 감정이었기에 완벽이 편하다. 완벽한 업무 수행으로 타인의 인정과 관심을 얻는다. 자발적 선택이고 성공할 수 있는 에너지다. 칭찬과 긍정은 적응적인 완벽주의 성향이 증가되어 성과를 이루는 데 매우 유용하다. 긍정 요인이다. 완벽주의자는 사회에서 인정받고 성공한 사람들이 많다. 열정이 높고 노력하는 몰입도가 커서 성과에 탁월하다. 타인의 평가에 예민하기 때문에 일을 완벽하게 처리한다. 단시간에 계속해서 성과를 내는 능력이 있다. 스티브 잡스의 완벽주의가 애플의 신화다. 컴퓨터는 내부까지 아름다워야 한다고 고집하였다. 세밀한 부분까지 지나치는 것이 없다. 자신이 만족할 때까지 저돌적으로 추진한다. 목표지향적인 업무에 잘 어울리는 성향이다.

반대로 부적응적 완벽주의로 고통을 경험하는 사람들도 있다.

양육 과정에서 부모의 심리적 통제가 강한 가정에서 자랐거나 성향적으로 소심한 사람들에게서 나타나는 현상이다. 타인의 인정이 자기평가의 지표여서 개인의 삶에 부정적인 영향을 줄 수 있다. 외모, 학업, 경제력, 사회적 능력이 탁월함에도 항상 타인과 비교하면서 스트레스나 좌절감을 느낀다. 이들은 완벽주의 때문에 불편하거나 불안한 감정으로 힘들어한다.

이와 같이 완벽주의는 스스로의 선택에 따라 단점이면서 장점이 될 수 있다. 자신의 성향을 이해하고 수용하여 긍정의 방향으로 스스로를 변화시켜야 한다. 극복할 수 있고 해결도 가능하다.

완벽주의는 어떻게 나의 강점이 되었을까?

무조건적인 완벽은 불가능하다는 것을 인정하였고 현재를 받아들였다. 완벽주의는 나의 성향이었고 성취 욕구의 에너지였다. 목표에 도전하는 과정에서도 최적주의나 실용주의를 선택했다. 의도적인 행동이지만 편한 마음을 가질 수 있었다. 때로는 나는 왜 이렇게 힘든 길을 가고 있는지 질문하기도 했다. 명상으로 자기대화를 하며 나를 보듬어 주었다. 성취지향적인 성향을 알았고 이것을 극대화하여 성과를 이루었다.

불안의 성향을 인정하였다.

완벽한 세상은 없다. 많은 시행착오를 거치면서 터득한 결과다. 작은 실수나 부족한 부분이 업무 전체의 실패가 아니다. 불안은 스스로가 만들어 낸 믿음이고 발생하지도 않은 사실을 걱정하는 허상이다. 현실에 집중함으로써 완벽해야 한다는 불안에서 벗어날 수 있었다.

나 자신을 끊임없이 칭찬하였다.

완벽주의는 인정욕구가 매우 강하여 타인의 평가에 민감하다. 내가 잘하고 있다는 믿음으로 긍정의 마음을 가지니 타인의 평가에서 자유로울 수 있었다. 완벽하지 않아도 성공했던 경험을 스스로에게 자랑하였다. 자존감을 높여서 실수를 넘을 수 있는 용기를 얻었다.

업무 마감 시간을 정하였다.

시간은 강력한 힘이다. 부족함이 있더라도 성과를 정리해야 했다. 시간 결핍은 완벽주의의 단점인 결정 지연을 극복하는 에너지가 되었다.

트라우마를 보듬었다.

부모에게 칭찬받으려 했던 무의식의 습관을 깨트렸다. 완벽주의자로 있는 한 성인아이였다. 인문독서와 심리학으로 트라우마를 극복할 수 있는 지혜를 얻었다. 명상으로 어린 시절을 돌아보았다. 완벽해야 인정받았던 그 순간들이 떠올랐다. 지금은 결정할 수 있는 성인의 능력이 나에게 있다는 사실을 받아들였다.

 행복 TIP

걱정은 걱정일 뿐이다. 실수에 관대해지자. 실수는 실패가 아니다. 작은 성과에도 스스로를 칭찬해서 최적주의에 만족하는 것이 행복의 길이다.

관습에 저항하다

✱ 설득적 열정

발트 3국은 걷는 여행을 하기에 좋은 나라다. 자연과 문화가 있고 잔잔하게 느껴지는 유적이 있다. 오늘은 발트에서 지내는 마지막 날이다. 성당, 고택, 성들이 있는 탈린의 구시가지를 거닐었다. 골목에 서 있는 조형물들은 높은 자태를 뽐내면서 하늘로 더 높이 오르기 위해 경쟁하고 있다. 침략자들이 권력을 과시하려고 세워 놓은 허영의 증표다. 그 사이에 들어선 노천카페에 앉아 차 한 잔의 여유를 얻는다. 에스토니아를 떠나면서 왠지 모를 슬픈 감정이 올라왔다. 역사에 대한 동질감일 것이다. 위로받지 못한 숨겨진 감정이다. 마음을 달래고 싶은 한마디를 토하고 싶지만 입에서만 맴돈다. 소요하는 발걸음은 어느덧 부두에 닿아 있다.

　탈린에서 스톡홀름으로 가는 크루즈에 올랐다. 배에서 관조하는 발틱의 백야 풍경은 자연의 아름다움 그 자체다. 스톡홀름에는 다양한 볼거리가 있지만 꼭 들러 보고 싶은 곳이 있다. 노벨 박물관이다. 입구에 들어서면서 수상자 얼굴이 나오는 시설물에 먼저 관심이 갔다. 우리나라도 좀 더 많은 수상자들이 배출되었으면 하는 마음이 간절했다.

　박물관에서는 수상자들의 위대한 생애를 현재의 이야기로 만날 수 있었다. 이곳에서 아인슈타인 어록을 읽었다. "편견은 단지 한 사람의 축적된 경험과 지식이다. 과학적으로 증거를 가진 논리가 아니다. 그러나 이러한 편견을 깨는 것은 원자를 쪼개는 것보다 어렵다."고 하였다. 성공한 사람들은 하나의 사건을 통해 스스로의 관점이 바뀌었다고 한다. 한 권의 책일 수도 있고 우연한 경험일 수도 있다. 편견의 덩어리로 뭉쳐 있던 나의 잘못된 신념을 어떻게 부수었는지 돌아보았다. 끝없이 탐구하였던 지식이 있었기에 맞설 수 있었다. 질문으로 새로운 관점을 가질 수 있었고 삶의 의미를 찾았다. 질문이 없었다면 이룰 수 없는 꿈이었다. 그러나 질문을 얻기까지의 과정은 쉽지 않은 여정이었다.

우리는 왜 질문에 익숙하지 못한가?

학교나 기업은 외국의 이론이나 기법을 인용하여 성장해 왔
다. 핵심이론을 고민하지 않았던 외형적인 성장이었다. 적용하
는 기법의 선택만 있을 뿐 주관적 신념을 가질 필요가 없었다. 선
진이론이라는 설득적 열정에 대중은 의문을 제기하지 않도록 학
습되어 왔기 때문이다. 애플이나 구글은 성공의 신화이고 행복
하게 일할 수 있는 상징적인 기업이지만 이들의 행복철학은 우
리와 다르다. 구글은 인문학 전공자가 80%이지만 우리나라 IT
기업은 공학도가 80%다. 서양과 동양의 문화가 차별적이듯이
선진국에서 검증된 행복 철학이라도 무조건 한국에 적용하기에
는 우려가 있다.

이제는 달라져야 한다. 한국의 교육도 주관적 신념을 가져야
할 때가 됐다. 외국의 철학을 나의 개념으로 재구조화하거나 우
리의 것을 새롭게 세워야 한다. 선진이론 또는 행복이론이라는
말에 더 이상 설득당해서는 안 된다. 수용의 이유는 심리학에서
말하는 적대적 미디어 효과를 가지지 못했기 때문이다. 긍정으
로 학습된 마음의 상태는 더 이상 의심을 갖지 않는다. 이 또한
잘못된 교육이다. 설득적 행복은 타인이나 사회의 믿음일 뿐 진

실된 나의 가치나 신념이 아니다. 불행의 감정에서 벗어날 수 없는 이유다. 나의 눈으로 검증하지 않은 행복 추구는 내면의 욕구와 충돌할 수밖에 없다.

서양의 분석철학은 전통적인 믿음과 가치를 분석하고 이의를 제기하는 학문이다. 고전에서 주장하는 이론을 자신의 관점으로 비판한다. 암기하는 것이 아니고 논의를 검증한다. 발견적 열정이 훈련되고 새로운 통찰을 얻는다. 반면, 동양철학은 철학자를 존경하고 어록을 암기하며 받아들이는 학습이다. 나만의 통찰이 생겨도 이의를 제기하는 대신 자신을 설득한다. 권위자의 말을 받아들이는 습관에 익숙할 뿐이다. 이러한 습관이 학교에서 직장으로 이어진다.

회사에 입사하는 순간에 우리는 새로운 비전을 얻는다. 생계수단으로서의 직업이 아니고 삶의 가치도 발견하는 것이다. 그러나 대부분의 사람들은 직장을 보상의 수단으로만 생각하는 편향이 있다. 정신과 의사이며 심리학자인 빅터 프랑클(Viktor Emil Frankl)의 지적이다. 이를 타파하여 새로운 꿈을 찾기 위해서는 발견적 열정이 있어야 한다. 회사나 사회가 제시하는 프로그램에 설득당하지 말고 내가 필요한 교육을 찾아야 한다. 직업에서 스스로가 의미와 가치를 느끼는 그 무엇이다. 설득적 열정에 저항하는 것만으로도 나의 가치를 찾을 수 있다.

✖ 발견적 열정

예측 가능하지 않는 미래는 현재의 정형화된 교육으로 한계가 있다. 준비의 차원과 방향성이 달라져야 한다. 가치를 발견하는 방법이며 삶의 의미를 재구조화하는 능력이다. 참의 이론만 편하게 찾는 시대가 아니다. 참의 진술이 당연하다면 거짓의 진실은 왜 받아들일 수 없는지 의심하고 질문해야 한다. 사물을 판단하고 행동하는 것이 자신의 삶이다. 이미 형성된 정체성이나 가치관은 주관적으로 만들어진 이상이고 잘못된 신념일 수도 있다. 이를 깨우치지 못하니 일상의 지식으로 판단한다. 진실되게 성찰하여 얻어진 것이 아니라 선진이론이라는 이름으로 행해지는 수많은 이론에 설득당한 결과다. 포장된 이론에 설득되는 순간, 의지는 그것을 실행하려고 한다. 신념은 왜곡된 방향으로 자신을 인도한다.

허상의 정체성을 가지고 있는 한 사물이나 사건의 본질을 바라보지 못한다. 올바른 관점을 가지지 못하니 어리석고 만족스럽지 못한 삶이 된다. 필요한 지식으로 무장되어 있을 때 나의 것을 볼 수 있다. 나는 관습에 저항할 수 있는 수준 높은 지식을 가졌는지 자신에게 절실히 물어야 한다. 발견적 열정을 가져야 하는 이유이다. 어떻게 얻을 수 있는가? 나는 독서로 지식을 얻었다. 나를 설득하려는 저자를 참혹하게 비평하였다. 나만의 관점을 정립할 수 있었던 훈련법이다.

독서는 질문을 얻는 최고의 방법이고 인간성 상실과 가치의 붕괴를 막을 수 있는 유일한 도구다. 과거와 현재, 미래를 성찰하면서 올바른 정체성을 확립할 수 있고 자신만의 고유한 삶을 세울 수 있다. 자신의 업을 찾는 과정이고 가치와 성장을 이룰 수 있다. 지식은 스스로를 설득할 수 있을 때만 힘을 얻는다. 생각을 발견할 수 있는 힘이 질문이고 답을 찾는 과정에서 자신을 설득하는 지혜를 얻는다.

최근에 와서 독서의 흥미는 몰락의 길을 걷고 있다. 독서를 못하는 이유는 무엇인가? SNS나 인터넷에 무의식적으로 지배당하기 때문이다. 인터넷 서핑(internet surfing)에 바쁜 일과다. 무엇인가 반짝이는 팝업(Pop Up) 창이 뜨면 자동적으로 열게 된다. 지식을 쌓는 듯하지만 내가 정녕 무엇을 했는지 기억이 없다. 무료라고 하지만 시간을 투자해서 광고를 보고 계획되지 않은 정보에 시간을 소비하고 있는 자신을 깨닫지 못한다. 자신의 혼이 설득당하지 않도록 스스로에게 질문해야 한다.

진짜 나에게 유용한 지식인가?
필요에 의해 기억에 남기고 싶은 것이 있는가?

『생각하지 않는 사람들』이라는 책이 주는 메시지를 숙고하면 된다. 이 책이 주는 메시지는 "스마트 시대 우리는 더 똑똑해지고 있는가?"라는 질문을 던지고 있다. 독서는 다르게 생각(Different Thinking)하는 능력의 훈련이다. 다르게 생각하고 있는가?

미래는 여러 가지 직업을 가져야 하는 세상이다. 자신을 변형시킬 수 있는 잠재 자산을 쌓아야 한다. 나는 회사에 근무하면서 많은 교육을 받았다. 때로는 자기계발서에 심취도 했었다. 성장을 위한 것으로 당연히 받아들였다. 그러나 내가 힘들어했을 때 활용할 수 있는 지혜가 아니었고 미래에 대한 답을 얻을 수도 없었다. 나의 가치를 발견할 수 있는 새로운 접근법이 필요했다. 발견적 열정의 실천이었고 나의 미래를 구상할 수 있는 능력이다. 진정 자신의 삶을 살고 싶은가? 삶의 의미를 어떻게 찾을 것인가? 설득적 열정에 저항하면서 지식의 욕구를 재구조화하는 것이다. 행복의 길은 스스로를 알아 가는 발견적 열정에 있다. 시대에 저항하는 나의 가치는 무엇인가의 물음이다.

 행복 TIP

관습에 저항할 수 있는 수준 높은 지식을 가졌는지 자신에게 절실히 물어야 한다. 행복의 지혜를 얻을 수 있는 질문의 보고, 인문독서에 답이 있다.

이정표를 만들다

가치의 발견

기대하는 회사에 취업을 하여 자신의 포부를 펼쳐 보겠다는 꿈을 안고 첫 출근을 한다. 몇 개월이 지나지 않아 이러한 각오는 사라지고 월급 받는 노예로 전락한 자신과 마주한다. 성공은 커녕 불행의 감정만 커진다. 어깨가 쳐지고 수많은 갈등이 시작된다. 저녁이 있는 삶마저 희생하지만 그래도 업무는 힘들다. 이 순간에 문제의 깨달음이 중요하지만 기회를 걷어찬다. 마주하는 고통이나 두려움에 맞서지 않고 합리화를 선택하기 때문이다. 부정감정을 회피하려는 뇌의 속임수다. 고통을 극복하여야 하지만 대부분은 여기서 멈춘다.

회사에 계속 다녀야 하나? 이직을 준비할까? 창업을 할까? 나는 어떻게 살아야 하나? 추상적인 생각으로 매일을 소비하는 사람이 되면서 자존감마저 낮아진다. 더 큰 문제가 여기서 발생한다. 몇 마디의 질문이 자신의 삶을 진지하게 생각한 것으로 착각한다. 아주 기초 단계에 머물렀던 사고의 깊이를 발견하지 못하고 또 다른 일상으로 젖어든다. 불안과 갈등의 나날이고 출근이라는 단어만 떠올려도 행복하지 못한 하루가 지속되는 이유다.

고민하지만 지혜가 없다. 이유를 살펴보자. 주어진 객관식 문제만을 선택하도록 학습받고 길들여져 왔기 때문이다. 문제를 질문하고 토의하는 훈련이 부족하니 답을 찾을 수가 없다. 잘못된 습관이 학교생활로 끝나지 않는다. 핵심가치를 발견할 수 있는 능력을 배우지 못하고 사회로 던져졌다. 입사 후에도 가치의 방황이 계속되는 이유다.

가치를 찾으려는 노력은 충분한가?

최근의 추세는 신입사원들의 퇴사율을 낮추기 위해 간부사원들을 멘토로 지정한다. "전문가 집단은 망치만 가지고 있는 사람들이다. 아는 지식이 망치 사용법밖에 없기 때문에 모든 것을 못으로 해결하려고 한다." 인본심리학자 매슬로의 말이다. 신입사원이 성장하려면 본인이 해야 할 업무를 스스로 계획하고 수행해야 하지만 멘토가 적어 준 대로, 시키는 대로 따라서 하기가 바쁘다. 회사의 본질, 부서의 본질, 담당 업무의 본질에 대한 질문과 답이 없이 수동적인 의식으로 직무를 배운다. 혁신과 창의적인 사람이 되기는커녕 업무의 현상도 알지 못한다. 주도적인 삶을 살 수 없고 자신의 성장에 기여할 수도 없다. 타인의 삶을 살아가는 허상의 인간이 되는 과정이다. 회사에 입사하여 불편함을 느끼고 해결하기 위해 노력할 때 창의적인 사고가 발휘된다. 업무의 본질을 찾으려는 목마름이고 내가 욕구하는 직업의 핵심 가치다.

직업의 핵심 가치를 어떻게 찾을까?

기존의 가치가 맞는지 질문해야 새로운 방향이 보인다. 현대가 요구하는 직업인의 경쟁력은 무엇인가? 일의 가치는 무엇인가? 자기합리화를 시키는 뇌에 저항하고 순간의 고통에 집중하는 것이다. 내면에서 들리는 나의 소리를 들을 수 있을 때 사고가 확장되며 선택의 기준이 세워진다. 올바른 검증 없이 직업이 선택된다면 불만으로 살면서도 나의 세상을 볼 수 없다. 행복의 문맹자로 사는 것이다.

직업이 꿈이 되기 위해서는 선택한 직업에서 자신의 성격, 적성, 흥미, 능력이 어떻게 발휘될 수 있는지? 일을 하면서 가치와 만족을 느낄 수 있는지? 자신의 기준으로 설명할 수 있어야 한다. 긍정이나 행복이라는 단어에 도취되어 고통의 가치를 느끼지 못한다면 우리는 변할 수 없다. 남들이 선호하는 욕망의 마취에서 벗어나기 위해 몸부림치는 시간을 거칠 때 나의 선택은 빛을 발한다. 타인의 인정욕구가 나의 선택이어서는 안 된다는 절실함이다.

✖ 가치의 다양성

잠비아 비행기에서 만났던 잭키 교수를 다시 생각한다. 잭키는 가장 힘들었던 시절이 박사 후 과정에 있으면서 교수가 되려는 꿈을 키우던 때였다고 했다. "연구 결과를 얻지 못하고 방황하던 시간에 지도교수가 아프리카 봉사를 추천했다. 이 경험이 새로운 나를 탄생시켰다. 최악의 삶에서도 순수하게 살고 있는 잠비아 사람들의 모습에서 왜 의학을 공부해야 하는지 의미를 찾았다. 고통의 시간을 딛고 일어설 수 있는 힘을 얻었던 고마움에 교수가 되면 매년 봉사를 오겠다는 약속을 했다." 자신과의 약속을 지키려는 노력 자체가 교수의 꿈을 이루었던 힘이었다.

잭키 교수는 "봉사가 자신에게 긍정의 힘을 주는 삶의 가치다."라고 말하고 있다. 나의 가치는 무엇인가? 인정받기 위해서 열심히 일하는 것이었다. 가치를 논할 지식이 없었던 것이 더 타당할 수도 있다. 중간 간부가 되니 일보다는 비교 감정으로 힘들었다. 일등이 될 수 없다는 생각이 드는 순간, 처음으로 사퇴를 생각하였다. 일상의 대부분의 시간을 일과 같이하면서 일에서 행복을 발견하지 못했다. 일 자체에서 가치와 의미를 찾지 못하면서 방황이 시작되었다.

나 자신이 왜 이러한 고민을 하고 있는지?
어떤 결정을 내릴 것인지?

답을 얻기 위한 기준이 필요했다. 가치 실현, 더 나은 소득, 관계의 문제, 성장의 문제, 적성의 문제 등이 검증 내용이었다. 왜 강박으로 힘들어하고 있는지도 물어야 했다. 내가 하고 싶은 것, 좋아하는 것을 꼭 해야 한다는 목표 자체가 불행을 잉태하는 것이 아닌지? 세상을 살아가는 방법에는 맞고 틀린 것이 있을까?

자아실현을 이루려는 마음과 소득이 우선하는 가치가 충돌할
수 있다. 결정할 수 있는 지혜로운 판단이 필요할 뿐이다. 상위
욕구와 하위욕구의 갈등이다. 어떤 것을 선택하는가는 나의 몫
이다. 앨리스가 말한 대로 "내가 그렇게 생각하기 때문이다." 가
치의 의미 자체가 욕망을 반영하여 현재의 삶에서 가장 중요한
그것을 선택하는 것이다. 하나를 반드시 해야 되는 것이 목표라
면 너무나 경직된 욕구다. 이직, 창업, 전직 등 불안을 심어 주는
단어들이 먼저 떠오르는 이유다. 강박에서 벗어나려면 "싫어하
지 않은 것만 해도 나는 행복한 사람이다."라고 생각하자. 임원
이 아니어도, 부자가 아니어도, 진급이 일 년 늦어도, 외모가 조
금 못나도 살아가는 것이 인생이다. 가치를 자신의 프레임에 가
두지 말자. 매력은 결점이 있음에도 홀리는 감정이다. 단점이 있
음에도 끌리는 힘이다.

✱ 가치의 선택

. 나는 진정으로 삶의 의미를 찾을 수 있을까? 일의 가치는 다양
하게 존재한다. 욕망이라는 단어를 떠올리는 순간, 모두를 동시
에 하고 싶은 조급함이 몰려온다. 직업의 성공, 여행, 인문독서,

심리학 연구 등 수없이 많았다. 고민을 거듭하여 내린 결론은 순서를 정하는 것이었다. 비움과 성찰, 지혜가 없었다면 이룰 수 없는 성과였다.

치열한 사고의 과정에서 나를 번쩍이게 했던 단어가 있었다. 행복을 위한 결정이어야 한다는 깨달음이다. 현실 도피적인 결정이 되어 현재의 위치를 잃기만 하는 우를 범해서는 안 된다. 업무가 힘들다면 휴식의 방법을 찾는 것으로 해결이 가능하다. 일은 가치이고 휴식은 욕구다. 욕구를 위해 가치를 희생하는 것이 옳은가? 성찰하고 숙고하는 과정이 있었기에 욕구를 알았다. 성장의 주제에만 집중하였던 것이 지금의 나를 있게 했다. 관계의 문제나 성장의 문제를 이직에서 찾으려고 했다면 가치를 알기 전에 이직부터 했을 것이다. 이렇듯 가치는 삶의 이정표고 행복을 인도하는 안내자다. 내가 선택하는 것이 나의 삶이고 선택의 기준이 가치이기 때문이다.

취업준비생의 직장 선택 기준에 대한 설문 결과에서 나는 많은 것을 생각한다. 기대와 현실의 타협이 얼마나 어려운지 잘 요약하고 있다. "잘하고 좋아하는 일을 하면서 여유로운 시간을 원한다. 돈을 많이 받으면서 안정성이 보장되는 직장을 원한다."

그러나 현실은 기대와 다르다. 하기 싫은 일을 하면서 돈을 더 받는 곳이나 하고 싶은 일이지만 소득은 적은 곳을 선택해야 하는 갈림길에서 멈추게 된다. 때로는 하기 싫은 일을 하며 돈도 적게 받는 직업을 선택해야 할 때도 있다.

　나는 지금도 취준생의 마음이다. 기준을 만들어 순서를 정했기에 다양한 가치를 충돌 없이 경험하고 있지만 마음은 이곳저곳을 기웃거린다. 나의 뇌는 지금도 물질적 보상만이 가치의 기준이 될 것인가라는 질문에 명쾌한 답을 하지 않고 있다. 흔들리는 가치를 바로 세우는 길은 아직도 험난하다. 기대의 욕망과 현실의 가능성을 스스로가 타협하는 길은 계속될 것이다. 매일의 명상에서 비움과 성찰, 지혜라는 자산을 떠올리는 이유이기도 하다. 나의 이정표는 이렇게 만들어지고 있다.

행복 TIP

　매일 아침 지금의 나에게 가치의 의미를 질문하라. 스스로를 의식화하는 훈련이다. 욕구의 알아차림이 행동으로 이어지는 것이 행복의 길이다.

인도의 선물, 명상

✖ 호흡 명상과 걷기 명상

2014년 2월 3일자 타임지는 "마음 챙김 혁명"으로 커버스토리를 장식했다. 자신을 가두었던 화, 분노, 질투, 두려움, 이기심을 알아차려 힘들고 고통받는 나를 위로할 수 있는 최선의 도구로 명상을 추천하고 있다. 자기연민의 시간이고 행복에 이르는 길이다. 생각을 멈추어서 어떤 감정이 올라오는지 느낀다. 안쓰러운 마음, 고통스러운 마음, 모두를 위로하면서 자신을 사랑한다.

"그래, 애쓰고 있구나! 지금 내가 마음이 아프구나!"

어려움에 처해 있는 동료를 바라보듯이 나의 고통을 보듬어 준다. 그리고 자신에게 말한다.

"지금도 최선을 다하고 있어! 내가 충분히 극복할 수 있을 거야!"

잘될 거라는 암시를 주면서 그곳에 머물러 준다. 일어나는 생각을 비판단적으로 바라보게 되고 현재의 자신을 수용한다.

명상은 편하고 쉬워야 한다. 기본 훈련 과정이 단순하여 언제든지 가볍게 접근할 수 있는 방법이면 좋다. 나는 호흡 명상과 걷기 명상을 즐겨한다. 명상은 호흡이 기본이다. 코에서 배까지 이동하는 숨쉬기의 감각을 느낀다. 들숨과 날숨, 그리고 쉬는 순간을 의식한다. 코로 들이쉬면서 "나는 편안하다." 잠시 쉬었다가 입으로 길게 내쉬면서 "나는 행복하다." 2분씩 호흡 명상하고 1분 쉬는 과정을 3회 실시한다. 날숨은 들숨보다 2~3배 정도 시간을 길게 한다. 날숨은 비움이다. 비움에서 위안을 얻는다. 호흡을 반복 연습함으로써 마음의 평화를 얻고 자신을 사랑하게 된다.

집중력을 훈련하고 싶을 때는 걷기 명상을 한다. 편안한 옷을 입는 것만으로도 마음이 가벼워진다. 눈을 감고 5분간 깊은 호흡을 하며 자신을 내면세계로 인도한다. 들숨의 호흡을 길게 하면서 가슴에 손을 댄다. 호흡하고 있는 자신의 감각을 느끼며 걷기 시작한다. 체중을 한 발에서 다른 발로 이동시킨다. 땅에 닿는 순간의 감촉에 집중한다. 발을 들어 올릴 때 마음속으로 "올린다"를, 잠깐 서 있는 순간에는 "서 있다"를 말한다. 3회 반복한다. 호흡은 발을 들어 올릴 때 들이쉬고 발을 땅에 놓으면서 내쉰다. 10분간 걷고 2분씩의 휴식을 반복한다.

자신의 감정에 충실하면서 평온을 얻는다. 유산소 운동은 좌뇌와 우뇌 모두에 자극을 주어 굳어 있던 사고의 틀을 부수고 익숙했던 일상과 다른 모습을 경험하게 한다. 스스로를 자정할 수 있는 지혜를 얻어 편견이나 결점, 자만심을 깨닫고 정체성을 성찰한다. 루소는 "나는 걷는 것이 명상이다.", "성찰은 머리가 아닌 다리로부터 얻어진다."고 하였다. 걷기는 비움의 자유를 얻어 순수한 감정과 교류한다. 깊숙이 숨어 있던 내면에 접근하여 부정감정을 비우고 행복감정을 채우는 길이다.

✖ 감정 명상과 글쓰기 명상

우리는 왜 부정감정으로 힘들어하는가?

생존의 수단으로 두려움, 불안, 분노와 같은 부정감각에 자동으로 반응하기 때문이다. 예상하지 못한 일들과 마주할 때 특히 그렇다. 밀려오는 감정의 홍수에 지배당할 수밖에 없다.

부정감정에서 어떻게 벗어날 수 있을까?

주의력을 옮겨 긴 호흡을 하는 것만으로도 해결이 가능하다. 즐거웠던 한 컷의 이미지를 떠올려도 부정감정은 사라진다. 잠깐 멈추어서 의식하고 있는 감정을 변화시키는 방법이다.

나는 때때로 주먹을 쥐었을 때와 펴고 있을 때를 비교하면서 다름을 느껴 본다. 주먹은 긴장과 불안의 상태가 되며 세상에 저항하고 싶은 충동이 생긴다. 손을 펴는 순간 마음은 무념의 상태가 되어 편안함을 얻는다. 이렇게 집중하면 괴로운 상태와 편안한 상태를 쉽게 구분할 수 있다. 불안의 감정이 침입하지 못하고 고요한 마음을 유지할 수 있다. 어지럽게 떠도는 나의 감정이 어떻게 움직이는지 알 수 있다.

집중력을 높이는 인지훈련도 도움이 된다. 부정감정의 알아차림과 대항하는 연습이다. 1분간 들숨과 날숨을 쉬면서 내면에 집중한다. 자신이 경험했던 부정감정을 떠올린다. 2분간 머무르면서 호흡과 감각, 몸 구석구석의 변화를 느낀다. 5분간 머무른다. 어디서 오는 감정인가? 나의 호흡과 몸은 어떻게 반응하고 있는가? 대처 행동은 어떠했는가? 질문으로 성찰이 일어나서 이해하는 방향을 찾게 된다. 어떻게 행동해야 했는가? 저장하지 않고 떠나보내면 된다. 감정은 하나의 생리현상이고 들어왔다 스스로 나가는 일상이다.

미소의 감정과 함께하는 명상은 행복감이 훨씬 높다. 『꾸뻬 씨의 행복 여행』에서 최고의 행복을 느끼는 순간이 된다. 뇌에서 오로라가 막 휘몰아치는 행복감이다. 사랑하는 연인을 만나듯 나 자신을 맞이한다. 느낌을 몸으로 가져와서 마음속에서 오고가는 목소리에 귀 기울여 본다. 즐거운가? 긍정적인가? 불행의 감정이 올라오는가? 순간을 온전히 살고 있는 그 자체만으로도 감사하며 미소 짓는다. 행복의 감정으로 충만할 수 있는 방법이다.

나에게 글쓰기 명상은 현재를 성찰하고 미래를 구상하는 또 다른 길이었다.

3분간 들숨과 날숨에 집중하면서 미래의 나의 모습을 그려 보는 것이 명상의 시작이다. 기간을 5년 단위로 구성하여 생각하면 더 구체화시킬 수 있다. 느낀 감정을 글로 적는다. 긍정의 미래를 예상하면서 성취를 이룬 나의 모습을 그리며 2분 쉰다. 실패했을 때의 감정도 떠올리면서 글을 쓴다. 2분 쉰다. 부정의 가능성을 예방하고 긍정의 미래를 성취하기 위한 행동을 적는다. 10년 후나 20년 후의 모습을 느끼며 똑같은 형식으로 반복하여 글을 썼다. 이상적인 미래를 어떻게 얻을 수 있는지 스스로를 설득하는 글이었다. 주제는 다양했다. 같은 주제를 여러 번 쓰기도 했다. 많이 썼던 주제가 행복이었다. 이렇게 모인 글들이 이 책의 구상이 되었다.

글을 쓰면서 처음으로 느낀 것이 부족한 자신의 깨달음이었다. 나를 돌아보는 시간을 얻었고 지혜를 준비할 수 있었다. 행복의 의미가 무엇인지? 어떻게 찾을 것인지? 무엇을 알아야 하는지? 글쓰기는 새로운 자아를 찾을 수 있었던 진실한 순간이었다. 생각을 가다듬어 구체화할 수 있는 행동을 정했다. 체험적 사고만으로도 성과를 창출할 수 있었다. 부유하는 사고를 검증하고 행동하는 길이었다.

고통이라는 어둠의 터널에 갇혀 있을 때 지푸라기라도 잡아야 했던 절박함을 위로받고 싶었던 이야기다. 나에게 해 주고 싶은 이야기, 내가 듣고 위안을 받을 수 있는 설렘을 종이에 적었다. 조금만 인내하면 괜찮아질 것이라는 입바른 위로가 아니었다. 나의 폐부까지 찬바람을 넣어야 토할 수 있었던 가슴속의 글이었다. 정체성을 복원시켜 행복을 이룰 수 있는 지혜의 눈이 되었다.

✖ 명상의 선택적 집중

하버드 대학교의 심리학 교수인 다니엘 사이먼스(Daniel J Simons)와 크리스토퍼 셔브리(Christopher F Chabris)는 "변화맹 (Change Blindness)" 실험을 하였다. 실제로 본 것들을 모두 인지하는가를 알아보는 연구다. 학생들에게 농구경기를 하는 영상을 보여 주며 선수들의 패스 횟수를 세게 하였다. 고릴라 복장을 한 기괴한 인물이 이상한 행동을 하면서 지나가지만 참가자들의 절반가량은 고릴라의 출현을 보지 못한다. 두 눈으로 직접 본 내용도 몰랐다.

우리는 여러 가지를 한꺼번에 할 수 있다고 믿는다. 음식을 먹으면서 텔레비전을 보고 공부를 하면서 음악을 듣는다. 뇌의 기능을 모르고 하는 소리다. 뇌는 관심을 가지는 것만 본다. 명상

오늘도 하루가 설렌다

은 선택적 집중을 하는 뇌의 기능을 이용하여 부정의 생각을 긍정의 마음으로 치환하는 것이다. 나는 명상을 하면서 생존을 우선으로 구조화된 뇌를 행복이 우선하는 뇌로 변화시켰다. 알아차림은 주의력을 갖추는 것이고 메타능력을 높이는 활동이었다.

신체운동도 그렇다. 처음 시작할 때는 힘들다. 몸의 근육이 적응하면서 아픔도 동반한다. 몸에 익숙해지면 습관적으로 연습을 하게 된다. 운동을 하지 않으면 신체감각이 오히려 불편해진다. 명상도 운동과 같은 이치다. 생각과 감정을 이해하는 마음근육을 발달시켜 행복을 얻는다. 부정감정으로부터 자유로워지고 행복감정이 높아져 타인을 배려한다. 메타능력이 향상되어 올바른 길을 선택한다. 몇 분간의 노력으로 얻을 수 있다. 우리가 하지 못할 이유가 없는 행복의 길이다.

감정이 떠오르는 순간 나는 어떻게 대응하는가?

나는 감정을 무시하거나 거부하는 사람인가? 감정의 노예로 사는 사람인가?

나의 감정을 타인에게 폭발함으로써 유용한 감정을 회피하고 있지는 않은가?

명상은 감정의 메시지를 전달받는 시간이기도 하다. 감정을 받아들여야 중요한 메시지를 얻게 된다. 존재 없는 자신으로 살 것인지, 진실된 나를 찾을 것인지? 고요한 마음을 얻고자 눈을 감는다. 감정을 거부했던 순간들, 감정에 휘둘렸던 세월은 감정의 노예로 살았던 삶이었다. 감정을 관조하는 것만으로도 자아를 발견하고 행복의 길을 찾을 수 있었다. 불안, 두려움, 강박, 부정감정으로 힘들었던 일들을 보듬으려고 인내했던 순간이 나를 알게 해 준 고마운 시간이었다. 명상, 지금의 나를 있게 해 준 스승이었다. 명상에 감사해야 하는 이유다.

행복 TIP

글쓰기 명상은 지금의 나를 있게 해 준 최고의 스승이었다. 행복, 관계, 감정, 욕망, 성찰, 지혜, 비움, 고백 등 수없이 많은 단어들을 명상하며 글로 썼다.

문장 완성 명상은 내가 특히 좋아했던 훈련법이다. 나의 '정체성은 ~', '나의 가치는 ~', '내가 몰입해야 하는 것들은~', '나의 완벽주의는 ~' 등의 주제어를 썼다.

독자들도 자기만의 주제어를 선택하여 명상하며 글을 써 보기 바란다. 행복을 찾는 최고의 방법이 될 것이다. 주제어를 쓰면서 자신을 의식화하는 것만으로도 행복할 수 있는 많은 것들이 보인다. 주제어와 관련된 감사 일기를 쓰는 것은 또 다른 설렘의 길이라고 확신한다.

오늘도 하루가 설렌다

:

내 안에서
행복의 의미를
찾다

:

나의 삶에서 행복과 불행은 항상 짝으로 다녔다. 행복하지 못
하다면 불행이라는 등식이 자연스러웠다. 이제는 저항하고 싶은
공식이다. 행복은 목표가 아니었다. 의미와 가치를 찾아 나섰던
시간이 행복이었다.

개인의 삶에 영향을 미치는 의식과 행동을 결정하는 데 추상
적이고 일반적인 개념으로 공학도를 설득하기는 불가능했다. 감
정을 수용하며 행동의 방향성을 찾는 집필의 여정에서 행동심리
학, 인지심리학, 상담심리학, 긍정심리학의 과학적 준거를 최대
한 활용하여 공학도의 공감을 얻으려고 노력하였다. 삶의 주인

이 되기 위해서는 무의식에서 탈피하여 의식적이고 과학적인 접근이 요구되기 때문이다.

인간은 자아실현을 이룰 수 있는 동기와 능력이 있다고 격려하는 로저스의 인간 중심이론은 내 삶의 의미를 일깨워 주었다. 자신의 내면을 공감하고 진실로 경청할 때 나를 알 수 있었다. 셀리그만의 긍정심리학은 행복의 의미를 찾게 해 준 안내자였다. 직장인으로서의 성공을 넘어 또 다른 가치에 도전할 수 있었던 힘이었다. 성공보다는 자아실현이 최고의 가치라는 매슬로의 욕구이론은 하루를 마음 설레게 살아야 하는 이유가 되었다. 이러한 사고를 지속할 수 있도록 나에게 용기와 힘을 주었던 명상에 감사한다.

최근에는 독자들의 힘든 삶을 위로해 주고 상처를 어루만져 주는 격려의 책들이 인기이다. 즐거움, 소비, 휴식의 선택이 행복이라고 조언하고 있다. '힐링'과 '소확행'이라는 단어를 부여잡고 누구에게도 인정받지 못하는 자신에게 "사랑해" 또는 "괜찮아"라는 말이라도 해 주면서 작은 소비에 만족해야 했다. 이것이 자신이 원하는 진정한 행복인가? 표면적인 위로나 회피는 아닌지? 냉철한 질문이 필요하다.

경쟁의 포기는 수많은 욕심 중에서 내가 원하는 것 하나를 선택하는 것이고, 소비는 현재의 아픔을 극복하는 에너지일 때 힘이 된다. 재미는 쾌락이 아닌 삶의 가치를 이루는 즐거움이 되어야 하고, 상처는 헤집어 환부를 도려내는 용기로 맞서야 한다. 이를 이룰 수 있는 비움, 성찰, 지혜를 가졌는가? 감정에 휘둘리며 타인의 욕망으로 살아가는 불행한 삶을 피할 수 있는 기본적인 자원이기 때문이다. 긍정의 생각만 가져야 하고 인내만이 길이라고 조언하는 것이 아니다. 지금의 시간만이 행복을 경험할 수 있지만 의미 없는 행동일 때는 불안과 두려움의 감정이 반복된다.

자신을 사랑하고 인정하는 삶, 미래의 불안을 헤쳐 나가는 자신감, 상처를 치유하는 능력을 가졌을 때 나답게 살 수 있다. 더 이상 흔들리지 않는 뜨거운 행복의 감정으로 하루가 설렐 것이다. 이 책을 읽으면서 소확행이나 힐링의 순간이 지나면 두려움으로 더 힘들어하는지 자문하는 기회가 되었을 것이다. 나를 받아들이는 삶의 의미를 찾아 나서야 하는 이유이기도 하다.

심리학자이며 TED 명강사인 에밀리 에스파하니 스미스(Emily Esfahani Smith)는 "행복은 조건을 이루는 것이 아니고 삶의 의미를 발견하는 것이다. 결과에 대한 집착이 불행이다."라고 하였다. 의미라는 것은 무엇인가? 무엇에 집중할 것인가를 선택하는 것이다. 단순하지만 쉽지가 않았다. 기준은 무엇인가? 좋은 선택인지 어떻게 알 수 있는가? 문제는 계속 남게 된다. "행복만 추구하는 삶은 행복할 수 없다."고 하는 아리스토텔레스의 말이 답이 될 수 있다. 의미 있는 삶에 행복이 존재하기 때문이다.

나도 진실한 내면과 조우하는 것이 쉽지 않았다. 나의 감정이 어디로 향하는지, 인식하지 못한 채 살고 있는 것이 진정한 슬픔이었다. 감정이 나에게 도움을 달라고 속삭일 때 경청할 수 있는 지혜가 없었다. 비명이 되고 폭발의 행동으로 나타난 후에도 조절할 능력이 없었다. 내면 깊숙이 상처를 남기고 평생 고통스러운 기억이 되었던 이유다. 나는 왜 이렇게 바쁘게만 살고 있는가? 진정한 내 마음속의 이야기를 들을 시간이 없는가? 잠시의 순간이라도 감정을 고요히 들여다보는 것은 어떨까?

그동안 크게 이룬 것은 없지만 현재를 받아들이고 인내와 고통의 감정을 수용함으로써 비로소 자유를 얻었다. 부정감정이라도 거부하고 회피해야 하는 감정이 아니라는 것을 인정해야 했다. 지혜의 부족으로 낭비해 온 세월을 반성하고 행복을 걷어차는 우를 범하지 않겠다는 다짐이었다. 감정의 노예가 되어 어쩔 수 없이 끌려 다녔던 세월에 대한 저항이다. 행복은 목표가 될 수 없었다. 감정의 본성을 공감하고 귀 기울일 때 삶의 깨우침과 마주할 수 있었다. 본성이 기대하는 의미를 찾는 것이 자아실현이었다. 이제야 편하고 행복하다.

어려운 상황을 잘 견뎌 온 나 자신에게 "고맙다"는 말 한마디가 지금을 설레게 한다. 내일은 오늘의 또 다른 이름이다. 내일로 이어지는 오늘이 있기에 나의 설렘은 지금도 진행형이다.